阅读成就思想……

Read to Achieve

新出海

REBUILD

A practical guide to
localize your brand overseas

中企海外本土化
实战手册

［加］彭家荣（Chris Pereira） 著

中国人民大学出版社
· 北京 ·

图书在版编目（CIP）数据

新出海：中企海外本土化实战手册 /（加）彭家荣著. -- 北京：中国人民大学出版社, 2025. 1. -- ISBN 978-7-300-33488-2
Ⅰ. F279.247-62
中国国家版本馆CIP数据核字第202418VG51号

新出海：中企海外本土化实战手册
[加] 彭家荣（Chris Pereira） 著
XIN CHUHAI：ZHONGQI HAIWAI BENTUHUA SHIZHAN SHOUCE

出版发行	中国人民大学出版社		
社　　址	北京中关村大街31号	邮政编码	100080
电　　话	010-62511242（总编室）		010-62511770（质管部）
	010-82501766（邮购部）		010-62514148（门市部）
	010-62515195（发行公司）		010-62515275（盗版举报）
网　　址	http://www.crup.com.cn		
经　　销	新华书店		
印　　刷	天津中印联印务有限公司		
开　　本	890 mm×1240 mm　1/32	版　次	2025年1月第1版
印　　张	6.75　插页1	印　次	2025年1月第1次印刷
字　　数	105 000	定　价	69.90元

版权所有　　　侵权必究　　　印装差错　　　负责调换

本书赞誉

与前几波出海热相比,当下中国企业走向全球已经不再是一种被动选择,而是主动选择的结果。可以说面向世界接受全球化考验,是中国出海企业取得成功的唯一途径。对出海企业而言,取得成功的关键是能获得本地用户的信任。本书没有长篇大论,而是引用了丰富的案例介绍,手把手地讲述如何在海外市场获得信任。

潘小夏
中投圣泉投资管理企业的创始合伙人、纳斯达克中国区前主席

我们今天需要讨论的问题,已经不是为什么要出海,而是该如何出海。基于多年的海外实践,作者明确提出,中国企业在海外实现本土化不是要消除文化差异,而是理解和包容文化差异。未来30年会塑造一大批从中国出发的真正全球化的跨国企业,如果你也想抓住这样的时代机遇,这本书无疑是你的必读书。

王煜全

海银资本创始合伙人、科技创新产业专家

出海前应该做哪些准备工作？出海后应该如何打开局面？这本书事无巨细地通过大量案例向读者介绍了中国企业出海后应该如何构建战略，取得目标市场的信任。相信通过阅读本书，可以更好地帮助中国企业在海外取得成功。

钱厚琳

福布斯中国研究院院长、福布斯中国商务运营总经理

中国企业在海外实现本土化不是要消除文化差异，而是包容文化差异。这本书对于在海外展开业务的中国企业而言，有很强的参考意义。

刘湘明

钛媒体联合创始人兼联席 CEO

面向世界接受全球化考验，是中国出海企业取得成功的唯一途径。在海外，取得成功的关键是能获得本地用户的认可，其中既包括产品竞争力，也包括品牌影响力。本书可以手把手

本书赞誉

地教你如何在海外打造品牌影响力。

王耀民
上海三问控股集团董事长

当下中国企业的出海除了产品外,更是中国商业模式、管理模式的出海,标志着中国影响力正在走向全球。本书是目前为数不多的能够为中国企业出海提供助力的工具书。

陈洁
凯尔特亚洲创投管理合伙人

中国企业在海外市场的征途,是产品与文化的双重远航。本地化不是消除文化差异,而是包容与融合。中国企业需以开放的心态,深入本地市场,用本土化视角和思维方式,将自身打造为深受信赖的品牌。这不仅是产品和劳务的输出,更是文化和品牌的全球传播。国际化视野与长期主义思维,是中国企业走向世界的关键。本书通过丰富的案例与深刻的洞察,为在海外展开业务的中国企业提供了一条清晰的发展路径,助力企业在全球化浪潮中稳健前行,实现产品与品牌的双重飞跃。

徐章烨
甲乙品牌数字营销创始人、大中华区艾菲奖董事

新出海：中企海外本土化实战手册

中国企业已经在多个行业中树立了新的标杆，出海不仅是企业增强竞争力的途径，也是推动中国与世界共同发展的桥梁。面对全球化的挑战和机遇，中国企业如何在海外市场构建自己的竞争优势，这本书是一本很好的出海攻略。

徐瑞呈
大观资本北美合伙人兼出海同学会主理人

随着中国企业全球化的不断深入，正迅速成为国际市场上的重要参与者。这不仅展示了其创新能力，也反映了中国在全球经济中日益增长的影响力。本书可以帮助中国企业有效地解决跨文化交流和管理问题，值得每一个出海的企业家阅读。

王彬
亿欧智库总裁

序

1793年，刚刚被封为伯爵的英国外交家乔治·马戛尔尼以为乾隆皇帝祝寿为名，率领着一支由700名随员、水手和64艘帆船组成的庞大舰队，经过10个月的航程后抵达北京。那个年代的"出海"者主要由三种人构成，分别是国际贸易商、传教士和劳工，前两者被利润和信仰驱使，后者则是为了逃离悲惨的生活环境。马戛尔尼与他的随行者们坚信，他们不同于以往的这些出海者，而是肩负了开创人类新时代的使命。他们远道而来，带着天体运动仪、望远镜、新型火炮和卡宾枪作为礼物，希望拜访当时统治全球三分之一人口的乾隆皇帝，并获得后者的通商请求。

不过，到达北京后，马戛尔尼使团遭遇了他们出访以来最大的难题。这个难题并非来自贸易条款，而是他们不愿向皇帝叩拜。使团认为屈膝礼是英国人的最高礼节，面对英王时就是行屈膝礼。清朝礼部官员则认为，外使见到皇帝必须行磕头礼。僵持不下后，使团遭到冷遇。虽然后来乾隆皇帝同意了使团用屈膝礼觐见，但是对于马戛尔尼提出的要求则全部驳回。皇帝认为，"天朝物产丰盈，无所不有，原不藉外夷货物以通有无。……今尔使臣于定例之外多有陈乞，大乖仰体天朝加惠远人、抚育四夷之道"。

自从马可波罗在13世纪将他在中国的见闻带回欧洲后，欧洲就陷入了对古老中国的崇拜。在西方商人眼中，这里是一个有着数亿人口的庞大市场；在西方传教士眼中，这里有数亿等待拯救的心灵。不过，无论是市场还是人口，那时的中国对西方不仅毫无兴趣，更是对外呈现出一种封闭的状态。政府仅对西方进行有限的接触，彼时"出海"的主要人群是为了改善生活的劳工群体。

1978年中国开启改革开放后，中国人对西方市场表现出了浓厚的兴趣。1986年，中国主动申请加入关税与贸易总协定（即后来的世界贸易组织，简称WTO），经过了15年的艰辛谈判后，在2001年12月11日正式加入WTO。也是从那时起，中国消费者开始大范围接触海外品牌。此时距离乾隆皇帝以"原不藉外夷货物以通有无"回复马戛尔尼已经过去208年。

2004年对中国的出海企业而言是具有里程碑意义的一年。中国开始成为全球第二大电脑生产国，联想集团宣布并购IBM

序

个人电脑业务，标志着中国的民营企业正式进军海外市场。这一年，马云创立了第三方电子支付平台支付宝。在美国特拉华大学电子与计算机工程系攻读博士学位的王兴，在看到扎克伯格创立 Facebook（2021 年更名为 Meta）后毅然放弃学业回国创业。张一鸣还在南开大学学习软件工程，距离他创办字节跳动还有八年，没人想到字节跳动后来孵化的 TikTok 会成为欧美最受年轻人欢迎的社交软件。刚刚取得硕士学位的黄峥加入了美国谷歌，距离他用 Temu 在美国刮起低价电商旋风还要等 18 年。彼时，即使是中国最有远见的分析人士，也无法预见这些人创办的公司或产品会对欧美社会产生如此深远的影响。

过去，当一个商业模式在欧美发达国家得到验证后，就会快速地被复制到中国，只要做好本地化运营，大概率可以取得成功。那个年代，美国的电商有亚马逊，中国的电商有阿里巴巴；美国的搜索引擎有谷歌，中国的搜索引擎有百度；美国的社交媒体有推特，中国的社交媒体有微博。现在则恰恰相反，2023 年美国下载量最高的五款 App 中有四款来自中国，而 TikTok 几乎垄断了美国 Z 世代[①]的社交生活。同时，中国企业

[①] Z 世代也称"网生代""互联网世代""二次元世代""数媒土著"，通常是指 1995 年至 2009 年出生的一代人。他们一出生就与网络信息时代无缝对接，受数字信息技术、即时通信设备、智能手机产品等影响比较大。——编者注

也开始逐渐放弃过去纯商品出口的商业模式，开始深度拥抱海外市场。

随着中国企业在海外市场的快速扩张，国际环境的变化则对中国企业的海外扩张之路带来了新的挑战。除了在产品、价格上需要保持竞争力之外，企业还要应对贸易保护、文化差异、合规要求、社会责任、地缘竞争等多重挑战。对于那些已在海外展开业务的中国公司而言，不仅需要关注外部宏观环境的变化，更要求预判出对自身业务的影响。企业家们不仅需要知道世界当下正在发生的变化，而且需要关注这些变化会对业务造成哪些影响，从而提前做出预案。

1776年，美国作家托马斯·潘恩出版了一本仅有50页的小册子，取名《常识》(*Common Sense*)。时值美国独立战争期间，当时每个士兵随身必带的三样物品分别是：弹药、食物和《常识》这本书。约翰·亚当斯评价说："如果没有《常识》作者手中的笔，华盛顿手中的剑是没有用的。"书中没有长篇大论的理论，而是向大众浅白地阐述了英国王室并不神圣，并揭露世袭君主制的弊端。

今天，中国企业的国际化趋势已经不可阻挡，然而硬币的另一面却是市面上缺少一本全面介绍西方市场、政策法规、文化差异的常识类书籍供中国的企业家们参考。所有人都知道中

序

国企业应该出海,但是却没有人为企业家们介绍在海外市场具体应该怎么做。

作为一个西方人,我更想告诉大家,西方市场并没有那么复杂,你也并不需要在纽约时代广场的大屏幕上打广告。很多时候,一杯咖啡,交个朋友,所建立的信任可能比你投入百万预算去打广告更有效果。我希望本书能够像《常识》一样,不需要多高深的理论,而是从案例入手,用直白的案例告诉中国企业如何在西方市场赢得信任。

需要说明的是,写作本书的目的并不在于批评中国企业在进军海外时缺乏对本地市场的了解,而是以"只为实用主义"的准则,以 PR(public relation,即公共关系)的内容(讲好故事)、渠道(长期运维)为抓手,实现企业在海外市场 GR(government relationships,即政府关系)、BR(business, relationships,即领导力)、IR(invest or relationships,即投资者关系)、CSR(corporate social responsibility,即企业社会责任)和 HR(human resource,人力资源)的 5R 协同下的最大合力,逐步发展成为一个受到本地受众认可的本地化品牌。在美讯,我们将之命名为"5R 方法论"。我认为,这套方法论对中国企业的国际化至关重要。当企业提出需求时,可以根据这套方法论分析目标是什么,最后再决定具体做什么。希望我们的 5R 方法论能够为中国企业的全球化贡献智慧和力量，祝愿各位在海外市场都能取得成功。

在撰写本书的过程中，我得到了世界各地的朋友们的帮助，他们都是各自领域的翘楚。在服务客户的过程中我们发现，市面上有很多告诉外国人如何在中国做生意，帮助外企了解中国市场的书籍。但迄今为止，仍然没有一本系统性帮助中国企业了解海外市场，尤其是欧美市场的书籍。基于此，我们希望做点什么，于是决定通过写作这本书，站在 5R 的角度向中国的出海企业更加深入地介绍海外市场。

创业的路上犹如《西游记》中的冒险故事，与伙伴一同西天取经，降妖伏魔。希望通过阅读本书，能够帮各位在海外找到志同道合的伙伴一同奋斗。同样，我也要感谢中国人民大学出版社，也是在他们的努力下，本书得以顺利出版。最后，我想要感谢美讯过去多年来服务的近 200 家中国企业，通过与他们的合作，我们才真正了解中国企业出海时的需求与痛点。

让我们在未来的路上互助互信，共同成长！

目 录

第1章 海外市场：从 CSR 到 ESG

从 CSR 火爆到 ESG 争议：欧美市场经历了什么　/003

CSR/ESG 是一张进入欧美市场的"好人卡"　/013

中国企业在欧美市场做 ESG 的速通攻略　/020

中国企业在海外 ESG 实践的挑战　/035

第2章 海外市场行业领导力（BR）

什么是行业领导力？行业领导力的三个维度　/061

从 0 到 1，如何有效在海外市场塑造领导力　/067

构建行业领导力的几个误区　/079

第3章 海外市场人力资源（HR）

进行海外招聘之前必须了解的事　/095

国内招聘与海外招聘有哪些差异　/103

中国企业在海外招聘和建立雇主品牌形象时的

常见误区　/106

中国企业如何做好本地员工的跨文化管理　/119

第4章　海外市场的投资者关系（IR）

什么是投资者关系？海外与国内 IR 的差异　/139

中国企业如何讲好海外市场的资本故事　/145

海外的中小市值企业更应该重视 IR　/155

第5章　海外市场的政府关系（GR）

为什么说当下 GR 对中国出海企业尤为重要　/169

如何做好海外 GR　/176

危机发生后应该如何处理　/183

第 1 章

海外市场：从 CSR 到 ESG

第 1 章 | 海外市场：从 CSR 到 ESG

从 CSR 火爆到 ESG[①] 争议：
欧美市场经历了什么

尽管 PR 只是一个小业务，但是在海外要做好 PR，就必须深入了解 BR、GR、HR、IR、CSR 这五个 R。只有围绕品牌战略目标，才能把 PR 做好。我与一些客户交流时发现，很多靠单一部门无法推动的目标换到总裁办就会顺利很多。很多中国企业在搭建海外公司架构时会照搬国外企业的模式，但是这种做

---

① ESG 是 environment（环境）、social（社会）和 government（治理）的英文首字母的缩写，代表企业在投资和经营决策中要考虑上述三方面的因素，是一种关注企业环境、社会、治理绩效而非财务绩效的投资理念和企业评价标准。——编者注

法在很多时候会让企业自身丧失灵活性。职能分得太细,内部就会出现一个萝卜一个坑的现象,产生诸多内部消耗。如果将好几块职能划到一个大的部门中去,由一个 VP[①] 或者海外负责人直接管辖,就会避免内耗。我用 5R 框架帮助一家客户企业做海外业务分析时,发现这个理论可以立刻帮到客户。因为他们发现在拓展海外业务时,可以围绕这一理论来审视自己的生意。

比如,你的企业战略目标是在海外开展业务,那么就要具体去看海外的目标受众是谁,要不要在本地建厂,接下来还要分析是否需要招聘本地员工(HR)。如果你的企业是科技或敏感行业,就需要提前做防御性的危机预案,并进一步与本地监管部门进行接触(GR)。此外,还要分析你在海外市场提供了什么样的产品和服务,这个行业的竞争格局如何,上下游产业链的发展状况怎么样,有哪些本地协会,行业内的奖项评定标准是什么……当你的企业对这些情况进行摸底后,自然就可以

---

① VP 是指企业内的副总裁、副总监等高级职位。——编者注

第1章 | 海外市场：从 CSR 到 ESG

制定出打造行业影响力的方案（BR）。如果你是一家上市公司或有计划在海外市场 IPO，接下来还需要去看有多少海外分析师关注你的企业，搭建与资本市场顺畅沟通的渠道（IR）。在西方市场，要取得消费者的信任，你还需要一张"好人卡"，让本地社区、消费者知道你的企业有社会责任感并愿意亲近你的品牌（CSR）。

从这几个方面结合企业的海外战略目标，一路梳理下来，哪块业务要多做些、哪块业务可以少做些、哪块业务的优先级更高，便一目了然。由于 PR 一方面掌握着对外沟通的渠道，一方面又是最懂公司内部宣传体系的部门，这些内容和渠道是可以为其他部门所用的。5R 方法论可以帮助客户建立框架，并在每个具体的业务板块上与 PR 形成联动。本章中，我会先介绍中国企业在海外实践 CSR/ESG 的方法论。

2008 年美国次贷危机爆发后，华尔街开始意识到，那些拥有更高社会资本，即采取更多 CSR（企业社会责任）举措的企业，其股票回报率要比那些较低社会资本的企业高出了 4%～7%，这一发现让越来越多的企业将 CSR 纳入其核心战略与商业模式中。时至今日，CSR 实践在欧美市场不仅可以反映企业的社会形象，更是其长期成功的关键因素，已成为欧美市场不可或缺的一部分。

比如汽车行业的丰田、宝马、福特、沃尔沃等在内的 11 家汽车生产商及其遍布 100 多个国家的 25 000 家供应商就共同组建了驱动可持续（Drive Sustainability）指导委员会，以此向公众展示这些企业在确保其供应链可持续方面的努力。

一家总部位于芝加哥的生物制药公司艾伯维（AbbVie），其高达 93% 的 CSR 评级曾引发本地媒体的广泛关注。报道认为，该公司不仅在产品和患者护理方面表现出色，而且在多元化、包容性、诚信行事、服务社区等方面也表现突出。媒体赞扬了艾伯维与竞争对手及医疗非政府组织（Non-Governmental Organizations，NGO）合作并捐款 350 万美元，将低成本医疗服

第 1 章 | 海外市场：从 CSR 到 ESG

务带入发展中国家的举措。大量的媒体报道让这家公司的关注度长期领先于竞争对手，其股价表现也一路走高，目前该公司已经成为纽约证券交易所最知名的上市公司之一，入选了标准普尔 100 指数。

在北美，无论是创业公司还是跨国巨头都开始认识到，CSR 不仅能提升品牌形象和消费者信任，还能带来经济效益和市场竞争优势。除了可以对外展示企业文化和价值观之外，更是一种商业竞争策略，帮助它们在市场竞争中展现出与竞争对手的差异并保持影响力。

在欧洲，CSR 已经成为一项强制举措。随着欧盟颁布的《公司可持续发展报告指令》(*Corporate Sustainability Reporting Directive*，CSRD) 的实施，企业的 CSR 报告和信息披露要求将更加严格和详细。CSRD 要求企业从内而外开展可持续发展变革，将可持续发展纳入企业的战略发展、商业模式、运营管理、风险管控、供应链等，对企业的 ESG 信息披露和管理提出更高水平的要求。除此之外，CSRD 还需要企业对这些披露的内容进行鉴证。随着信息技术的发展和社交媒体的普及，欧美市场的用户对企业行为的关注度也在日益增加。消费者和投资者越来越多地寻求与其价值观相符的品牌，公众评价已经成为选择品牌的重要标准。

CSR 的起源可以追溯到 20 世纪初，相关的道德观念和意识形态理论形成于 20 世纪 70 年代至 90 年代的欧美发达国家。而 ESG 则起源于 2005 年。与 CSR 一脉相承的 ESG 近年来开始逐渐走进公众视野。虽然 CSR 和 ESG 的本质都是强调企业自身经营和经济价值的创造要和环境、社会因素取得平衡，但在其外延、选择权重、适用范围、跨文化表现等方面都有所不同。CSR 通常是自发性的，由企业管理层推动；ESG 则更多地受到外部市场和投资者的关注。ESG 的实施往往需要董事会和高层管理者的参与，它通过建立量化标准，使投资者能够更清晰地评估企业的社会责任表现。此外，ESG 更侧重于非财务风险和绩效，如反腐败、数据安全等；CSR 则更注重社会贡献和公益

第 1 章　｜　海外市场：从 CSR 到 ESG

慈善。ESG 的目标受众主要是投资者；CSR 则面向所有利益相关方。

不过，近年来 ESG 在北美的应用却引发了一系列争议。这些争议主要围绕着 ESG 标准的实施方式、政治立场以及对企业和投资者的影响。

在美国，ESG 的反对声音日益高涨。2024 年第一季度，摩根大通与道富环球宣布退出气候投资联盟"Climate Action 100+"，黑石集团公开宣布将减少与该组织的联系，并将其会员资格转移至国际实体。这些机构的退出意味着 Climate Action 100+ 的资金池中将减少 14 万亿美元的资金，同时也表示全球五大资产管理公司中已经没有任何一家支持 Climate Action 100+ 的计划。该联盟希望利用华尔街股东的影响力应对气候问题的计划就此落空。

Climate Action 100+ 联盟成立于 2017 年 12 月，旨在推动

"全球100家最大的温室气体排放公司"的气候行动与《巴黎协定》保持一致，促进航空公司、石油巨头和其他高污染、高排放公司减少碳足迹。黑石、摩根大通和道富环球都于2020年加入。最辉煌时该联盟曾拥有超过700位成员，管理着68万亿美元的资产，是全球应对气候变化和ESG领域最大的投资者团体。

在美国市场的企业曾一度将Climate Action 100+的成员资格视为潮流，无论是官网还是新闻稿中都用了大量篇幅来描绘对ESG的宣传。但是如今，很多企业开始对作为该联盟的成员资格退避三舍，并将其视为一种负担和风险。

据英国基金服务机构Calastone的数据统计，2023年欧美投资者已经从ESG领域撤资4.58亿英镑，其中一半撤资来自美国。

另据气候咨询机构南极点（South Pole）公司发布的《2023/2024年度净零排放报告》（2023/2024 Destination Zero）调查披露，在受访的1400家公司中，58%的公司正在减少气候宣

第 1 章 | 海外市场：从 CSR 到 ESG

传和沟通；44% 受访公司表示，在过去的一年中，气候目标的外部沟通变得更加困难。

短短几年时间，气候问题从资本市场的宠儿沦为弃儿，其背后反映出北美市场正在经历怎样的变化。对于那些打算在欧盟展开业务的中国公司而言，又该如何理解这种变化？回答这个问题前，我们首先应该回顾这两年间 ESG 行业的大事。

2022 年，美国俄亥俄州的共和党众议员吉姆·乔丹（Jim Jordan）将 Climate Action 100+ 联盟比作协议合作来控制市场的垄断组织。随后，西弗吉尼亚州带头禁止了摩根大通、黑石和高盛在该州投资新业务，理由是这些机构"抵制"化石燃料行业。2023 年，美国主要的石油生产地得克萨斯州宣布 Climate Action 100+ 为反石油组织。同年，佛罗里达州签署法案禁止州和地方官员投资公共资金推动 ESG 目标。

人们普遍认为，作为 ESG 主要组成部分的气候问题在北美引发争议的一大原因是，美国的红州①拥有大多数的传统能源岗位，ESG 投资集团则将矛头直接对准了传统能源行业，而这正是红州选民的核心利益。与 CSR 不同的是，ESG 在北美引发的争议不仅仅是关于环境保护的问题，它还涉及政治、经济和社会的多个层面。

对于在美国开展业务的中国公司而言，需要知道北美社会正在经历的变化，了解 CSR 和 ESG 标准在不同行业中的应用，并正确理解由此产生的影响。比如你的目标用户是美国红州的传统产业人群，那么对外强调你在气候问题上的贡献就不是一个好的选择。

事实上，虽然气候变化的部分在北美市场引发了争议，但是 ESG 在北美依然是主流人群达成的一种共识。2023 年，美国有 37 个州的共和党议员提出了 165 条反 ESG 法案，然而其中

---

① 红州是指美国近年来选举得票数分布倾向共和党的州，多位于美国南部沿海和中部地区。——编者注

的绝大多数都没有获得通过。这些现象证明了反对 ESG 的声音并没有被主流社会所接受。另一方面，已经有越来越多的投资机构将 ESG 纳入对企业的评价体系之中。

简而言之，无论 CSR 还是 ESG，都不是"万能良药"，只是一种工具。使用这种工具的前提是，企业自身对北美的社会文化、经济结构、政治团体有一定程度的了解，既要避免对 ESG 望而生畏，也要避免盲目乱用。

CSR/ESG 是一张进入欧美市场的"好人卡"

美讯 ESG 负责人匡冀南曾向我举过一个例子：你在超市，看到货架上有一款来自坦桑尼亚的饮料，商品只有简单的中文标识，看到这款产品时你敢买吗？同样的场景切换一下，你发现这款来自坦桑尼亚的饮料不仅有详细的中文标识，而且他们的推销人员中文也非常好，不仅如此，这家非洲公司的所有员工都有一个中文名字，那么这些细节会不会让消费者更信任他们？实际上，在资本市场，已经有越来越多的投资机构开始关注 ESG。2018 年底，国际指数巨头 MSCI 公布了一个很多人没有太在意的决定：下调医药巨头康美药业的"ESG 评级"，从 B 调降至 CCC。仅半年后，该公司就爆出 300 亿元财务造假的丑闻。实际上，对投资人而言，如果提前注意到 MSCI 的调整，很可能就此挽回巨大的损失。

对于在欧美开展业务的中国企业而言，CSR/ESG 这个工具最大的价值并不是帮助你获得本地的投资或法律层面的支持，而是让你的目标市场的消费者、潜在合作伙伴、投资人、媒体感受到你不是一个陌生人。就像一个曼联球迷走在街上，看到另外一个人和你一样也穿了件曼联球衣，你会瞬间拉近与对方的距离，甚至产生一种相见恨晚的感觉。CSR/ESG 也是如此，它就像一把可以让你的企业在欧美市场迅速拉近与本地用户心理距离的钥匙。一家公司在 CSR/ESG 上努力，就相当于你在西方消费者心中秀出了一张"好人卡"。

第 1 章 | 海外市场：从 CSR 到 ESG

案例分析

为什么不重视 ESG 的 Temu 在欧美火爆起来，而以 CSR/ESG 为卖点的 Bomba 却被年轻人抛弃，中国企业在欧美是否可以不重视 ESG？

很多中国的企业界朋友曾向我咨询过这个问题，说电商平台 Temu 在欧美并没有重视 CSR/ESG，却取得了巨大的成功，这是否意味着中国企业在欧美展开业务并不需要 CSR/ESG 这张"好人卡"？

首先，需要说明的是，"好人卡"是进入市场、拉近距离的最快、最有效的手段，但是不能将其当作企业的卖点。其次，CSR/ESG 对于不同行业的欧美消费者，在认知上也有不同的权重。对于能源类产品、电子产品、高科技产品和创新产品，消费者对 CSR/ESG 的要求会更高。而 Temu 的成功则部分归因于其能够以极低的价格提供商品，这在消费者眼中极具吸引力。然而，这种低价策略同时也引发了对生产过程可持续性的担忧。Temu 的商业模式专注于极致压缩销售成本，但这也导致其他方面出现较高的社会和环境成本。极低的价格迫使在 Temu 上运营的生产商和制造商处于经济亏损状态，而 Temu 却能够借此扩大其品牌知名度。用户会因为低价在 Temu 平台购物，却未必意味着他们信任这个平台。总体而言，Temu 的成功在于其能够满足消费者对低价商品的需求，同时通过其营销策略和广告宣传，有效地扩大了市场份额。然而，这种成功是否可持续，以及其对环境和社会的长期影响，仍然是一个值得深思的问题。

对于打算在欧美扎根的中国企业而言，遵循 CSR/ESG 原则在欧美市场开展业务是至关重要的。对 CSR/ESG 的重视程度可以直接关系到品牌形象、市场竞争力及长期的投资回报。中国企业在欧美市场忽视 CSR/ESG 可能会面临投资者撤资、消费者抵制的风险；而且，不

第1章 | 海外市场：从 CSR 到 ESG

> 遵守本地的 CSR/ESG 法规还可能会招致诉讼和罚款，增加企业的运营成本和合规风险。此外，欧美地区的监管机构正在加强对 CSR/ESG 合规性的要求，欧盟已经通过了一系列法律和措施，如可持续金融信息披露条例（SFDR）和欧洲可持续报告标准，以规范 CSR/ESG 相关行业的发展。
>
> 因此，我并不认为 Temu 的案例可以在欧美复制。中国企业要在国际市场上参与竞争，反而必须展示其在 CSR/ESG 领域的承诺和成果。这不仅可以满足监管机构的合规要求，而且可以避免潜在的法律风险和经济损失。在我看来，理解并有效实施 CSR/ESG 是中国企业成功进入欧美市场的关键因素之一。

对于 CSR/ESG 经验并不丰富的中国企业来说，一个诀窍是可以效仿欧美企业的做法，在模式上向欧美企业靠拢，但在投入上则可以因地制宜，没必要去攀比。

很多中国企业进入欧美市场时，通常会希望把自己打造为一家本地公司，其实这并不现实。试想一下，可口可乐、肯德基这些公司在中国都很成功，但是它们从来没否认过自己的美国标签。TikTok虽然来自中国，但是美国年轻人依然喜欢在这个平台上社交。来自哪个国家从来都不是重点，真正的核心在于如何在本地成为一个可信赖的品牌，让消费者觉得和你的品牌有默契、有共鸣。中国企业在欧美需要给公众打造的形象应该是：我知道你是一家外国公司，但你的东西不错，我也信任你。

另一方面，CSR/ESG这个工具如果使用得当，会对中国初创企业和中小企业在欧美打开市场提供巨大帮助。这么说的依据是，CSR/ESG在全球推广的时间并不长，无论你是一家拥有几十年历史的跨国巨头还是一家来自中国的初创公司，都在探索前行的途中，几乎都在"摸着石头过河"，与投入多少预算并没有直接关系，预算有限的初创企业与投入巨大的跨国巨头在同一起跑线上。

第1章　| 　海外市场：从 CSR 到 ESG

需要注意的是，尽管 CSR/ESG 是中国公司拉近与欧美公众距离的绝佳工具，但是使用这套工具并不意味着没有风险。其中最大的风险有两点：一是画虎不成反类犬，二是延续国内的思维和经验。

近年来，随着绿色经济和可持续发展等概念的火爆，ESG 表现越发受到关注，"漂绿"（Greenwashing）行为也开始逐渐蔓延到更多领域。

2022 年 5 月，纽约梅隆银行因对 ESG 的错误陈述和遗漏而遭到指控，最终为此支付了 150 万美元的罚款。同年 11 月，美国证券交易委员会（SEC）对高盛旗下的资产管理公司开出了 400 万美元的罚单，理由是其在 ESG 投资方面误导客户。这些画虎不成反类犬的行为不仅降低了企业自身的权威性，而且也凸显了透明度和准确性在 ESG 报告中的重要性。中国企业在欧美需要规避"漂绿"行为。

在欧美市场，企业首先需要向公众证明自己是一家值得信任的好公司，这样才会有消费者买单，企业才能生存下去。因此，国内的某些思维方式与经验放到国外并不适用。这部分的详细内容会在本章的后面部分进行论述。

中国企业在欧美市场做 ESG 的速通攻略

首先需要说明的是，由于 ESG 在中国起步较晚，许多企业在数据质量、指标体系和流程规范方面都存在不足，在欧美市场的 ESG 实践可能会受到文化和运营模式差异的影响。因此，中国企业需要在遵守本地法律的同时，也要考虑如何将 ESG 原则与自身的业务战略和文化相结合，而且 ESG 实践没有"捷径"。

毋庸置疑，企业实践 ESG 最初的动机无论是来自个人信念、投资者期望、监管要求，还是长期价值创造的愿景，董事会的

第 1 章　｜　海外市场：从 CSR 到 ESG

支持都是开展 ESG 工作的第一步。成熟的 ESG 管理是一项系统性工作，企业既要有理念和战略规划，也要有执行层面的全力推进，还需要资源的持续投入和部门之间的相互配合。

在此基础上，还要坚持两个原则：一是花钱越少越好，二是行动越快越好。ESG 最大的特点就是每一分投入最终都会用数字化的方式去衡量，但是由于程序繁复且时间漫长，即便是跨国巨头也没有哪家企业通过全部的 ESG 标准，因此企业在 ESG 领域没必要投入太多预算。比如，每个月有一天要求员工骑自行车或乘坐公共交通上班，这些简单的举措就能体现出企业对 ESG 的重视。

在美讯，我们提出了零预算快速启动 ESG 的模式，我们称之为"麦当劳模式"。无论是环境治理还是回馈社会，不必追求在每个门类上都完全同步，而是要根据企业的特点，找到一个最贴合的方向，用最快、最短、最简单的方法迅速切入。如果想要一个汉堡，你不需要花费 100 美元或 1000 美元，在麦当劳只需要 5 美元就可以实现你的目标。美讯的 ESG 麦当劳模式也是如此，可以零预算帮助你的企业快速启动 ESG 业务，并且可以保证你投入的每一分钱都可以看到效果。

长期以来，无论是企业的决策层还是中层，大多都认为做 ESG 实践需要长期主义，必须有 2～3 年的持续投入才可能看到效果。但大多数中国企业都是结果导向，没人希望自己花了一年的预算却见不到任何效果。多数时候，导致这种结果的原因是 ESG 从业者的能力问题。实际上，ESG 是可以对企业的业务产生不可替代的支持。要知道，ESG 部门是企业中极少可以对接社会资源的部门，利用好这些社会资源，对企业而言会是无价之宝。

作为企业经营者，你需要知道，ESG 确实需要长期的持续投入，但同时你也需要知道，其实在 ESG 项目上投入的每一分预算都应该对业务有推动作用。ESG 实践主要可以从两个层面为企业带来实打实的收益：在投资领域，ESG 表现不佳的企业

第 1 章 | 海外市场：从 CSR 到 ESG

会被投资者质疑存在与社会需求相悖、运营效率低下、不符合相关法律规定、易招致政府管制等风险；而 ESG 表现更好的公司则能够降低资金成本，更容易吸引资本的关注。在公司治理层面，ESG 实践做得好，也能帮助保持股东、员工、消费者对企业管理水平与价值观的认可，对外可以提高消费者认可度和品牌形象，对内可以提升员工忠诚度和工作效率。

国际上对 ESG 的评价体系主要涉及三个层面：一是各国际组织和交易所制定的关于 ESG 信息的披露和报告的原则及指引；二是评级机构对企业 ESG 的评级；三是国际主要投资机构发布的 ESG 投资指引。

需要注意的是，目前全球对企业 ESG 的评级还没有一个统一的标准，评级机构与投资机构均有自己的评价体系。目前全球有超过 600 家 ESG 评级机构，不同的评级主体有着各自的量化方法。部分 ESG 评级机构已经开始涉足 Pre-IPO（首次公开募股前阶段）、私募股权和公司债券等领域。此外，最具影响力且占据市场主导地位的 ESG 评级机构总部大都位于北美和欧洲。随着个别国家及地区实施了 ESG 披露法规，监管机构的影响力逐步提升，对于 ESG 评级机构的透明度和数据质量也开始有了更严格的要求。目前一些 ESG 评级机构开始使用智能增强和自然语言处理（NLP）方法来收集与分析 ESG 数据，以提高评级的准确性。

加入 ESG 俱乐部之前，中国企业需要了解的是，不同机构的评级体系各不相同，很容易会导致对同一公司的评分有不同结果。企业选择 ESG 评分前，需要制定明确的 ESG 评级目标，根据不同的侧重点来选择适合自己的评级体系。比如，为了吸引投资者，可以优先考虑标普全球（S&P Global）或 CPD；而供应链企业为了获得上游客户认可，明晟（MSCI）则是一个不错的选择。企业决策层还需要制定一套详细、公开的 ESG 信息披露制度，做到这些之后，下一步就可以依托第三方专业机构为企业提供深入和具体的指数分析和解读服务。

第1章 | 海外市场：从 CSR 到 ESG

目前，国际影响力较大且广受认可的评价体系主要有明晟、路孚特（Refinitiv）、穆迪（Mody's）、富时罗素（FTSE Russell）、晨星（Morningstar Sustainalytics）、标普道琼斯（S&P Dow Jones）和标普全球。接下来我会详细介绍不同评价体系的特点。

1. 明晟

目前使用最广泛、最具影响力和参考价值的指数编制公司，其在 ESG 领域拥有 40 多年的研究经验，同时也是全球首家根据行业的经济效益评估公司 ESG 的企业。明晟的 ESG 评价体系主要由 3 大类 10 项主题及 35 个关键指标构成，用以衡量目标公司的 ESG 风险暴露程度和采取的 ESG 风险管理措施，进而计算最终得分并给出评级：领先（AAA、AA）、平均（A、BBB、BB）、落后（B、CCC）。

2. 路孚特

该机构是全球最大的金融市场数据和基础设施供应商之一，

前身为汤森路透金融与风险事业部。其评价体系由两大部分组成：一是ESG得分，各项指标的评分以公司在行业内的相对排名为基准，在此基础上整合得到10项主题的得分，再加权平均计算公司的ESG得分；二是ESG争议数据得分，在发生争议事项次数的基础上，考虑市值偏差进行调整，得到公司的ESG争议得分。从细分指标来看，路孚特评价体系包含630多项ESG评价指标及186项可比指标。在数据披露方面，他们采取透明度激励原则。不报告"非实质性"的数据点不会对公司得分产生很大影响，而不报告"高度实质性"数据点则会对公司得分产生较大负面影响。

3. 穆迪

穆迪是美国三大信贷评级机构之一，在全球有800名分析师、1700多名助理分析员，在17个国家设有办事机构。穆迪的ESG评价方法的主要特色是将ESG因素融入信用分析框架。其评价体系中有两个独立的分数：一是企业ESG分数，包括环境得分、社会得分、治理得分；二是ESG信用影响分数，即该企业的 ESG 表现如何反映在整体信用评级上。穆迪 ESG 评级的特别之处在于，首先测算社会得分和治理得分时将公共部门和私营部门进行区分对待。对被评级主体的环境、社会、治理每一项都按 1~5 打分，结果共分为五个等级。CIS-1 代表 ESG 总体上对其信用评级有积极影响，CIS-5 为 ESG 对其信用有极高的负面影响。

4. 富时罗素

隶属伦敦证券交易所集团（LSE）信息服务部门，在 ESG 评级领域拥有 20 多年的经验。其评价体系主要分为三层：第一层关注环境、社会和公司治理三项指标；第二层关注联合国的可持续发展目标（SDG）中的 17 个可持续发展目标；第三层关注 300 余个独立指标。与其他评级机构不同的是，该评级体系中的所有参考资料都来自企业社会责任报告、财报、公告、监管文件等公开信息。此外，富时罗素还拥有一个由投资人、NGO、学术界人士组成的外部委员会进行监管。

5. 晨星

晨星评价体系从企业治理、重要 ESG 议题和特殊问题（黑天鹅事件）这三个角度来衡量企业的 ESG 表现，并进行风险等级评分。其评价体系的 ESG 风险等级 0 ~ 40 分不等，0 分为可忽略，40 分为严重。该体系更关注企业在面临 ESG 风险时的脆弱性以及企业为管理特定的 ESG 问题所采取的行动，将这两大因素合并为一个分数。

6. 标普道琼斯

过去 20 年，标普道琼斯指数一直被认为是 ESG 指数化投资的先驱。评分包含企业于整个财年的 ESG 总分和由环境（E）、社会（S）及治理（G）要素的个别评分组成，其中公司的 ESG 总分是所有标准评分及其各自权重的加权平均值，企业 ESG 总分在 0 ~ 100 分之间，100 分为最佳。评级过程会受到 ESG 评级主管、SAM 高级分析师和第三方咨询公司的监督验证。

7. 标普全球

该机构是全球资本和大宗商品市场上重要的信用评级提供商，拥有超过 150 年的信用评级经验，对全球超过 1 万家企业进行了 ESG 评分。同时也是目前唯一一家能够对被评级企业信用产生影响的 ESG 评级机构。该评估体系会对企业进行动态信用评级，即对企业的信用风险评级不预设时间范围，动态分析当前、过去及未来潜在的 ESG 数据，并同时考量 ESG 风险的压力以及减轻 ESG 风险的因素。评分 AAA 为最高，D 为最低。

8. CDP

CDP 是一家总部位于伦敦的国际组织，是全球商业气候联盟的创始成员。该机构致力于推动企业和政府减少温室气体排放，保护水和森林资源。ERM 可持续发展研究机构（ERM SustainAbility Institute）发布的《为评级者评级 2023 年报告》（*Rate the Rater 2023-ESG Ratings at a Crossroads*）中显示，在 ESG 评级机构的质量和有用性的综合排名中，主动评级机构

CDP 位列榜首。同时，在 ESG 评级有用性方面，CDP 再次位列第一名。该机构主要依靠问卷的形式对企业的管理环境绩效的责任、环境影响量化数据、测量数据等内容进行评分。CDP 的 ESG 评级等级最低为 D 级，最高为 A+ 级。

目前中国企业在 ESG 国际评级中的得分整体偏低。据《中国上市公司 ESG 行动报告（2022—2023）》披露，在明晟和富时罗素的评级体系下，ESG 评级表现处于领先及平均水平的企业数量较少，处于落后水平的企业数量较多。截至 2022 年 10 月，在获得明晟的 ESG 评级的 A 股上市公司中，没有企业达到了 AAA 级，而评级为 AA 级的企业仅有 5 家，占比 0.80%。

导致中国企业评级偏低的原因有很多，被动的因素比如在国际评级体系中，董事长和首席执行官应由不同的管理人员出任，但很多中国企业则是董事长兼任 CEO。类似这样企业架构的问题并不是一朝一夕就能解决的，但中企可以做一些主动措施来提高评分。

第1章 | 海外市场：从 CSR 到 ESG

过去中国企业在海外面对批评时，通常采取不澄清、不回答、不接受采访的"三不"策略。这样的举动在 ESG 评级中会大幅降低评分。正确的做法应该是主动接受媒体采访进行澄清，并通过社交媒体以及视频、图片等载体引导社会舆论方向，及时回应外界质疑。另外，中企过去很少有在海外连续发布社会责任报告的行为，连续发布此类报告也更容易赢得海外公众的信任，并辅助提高 ESG 评级。

除了国际上主流的 ESG 评价体系外，中国企业还需要注意，美国证券交易委员会已经建立 ESG 披露框架，随后又在该框架基础上进一步增加了对气候相关风险的治理和管理要求。此外，英国也将在 2025 年之前对大型企业和金融机构实施强制的气候信息披露要求，该政策目前正在法律修订环节。

中国社科院世界经济与政治研究所助理研究员陈逸豪认为，中国企业在国际化进程中，与 ESG 相关的合规风险正在不断上升。他认为，这些风险主要有三类：一是环保合规风险，二是供应链风险，三是隐私合规风险。面对这些挑战，他认为中企应该增加投资透明度，改进 ESG 实践，加强绿色投资，在价值观贸易、供应链安全、保持企业竞争力之间寻求平衡。

中国企业在欧美地区实施 ESG 实践是一个复杂且多维的过程，涉及对本地法规的遵守、文化的适应以及全球可持续发展目标的贡献，应当考虑到文化差异，尊重本地的社会价值观和工作方式。比如在巴塞罗那的餐饮批发行业，本地政府就发布了周末不能上班的通知，原因是本地华人可以做到 7×24 小时工作，"卷"得很多本地商家怨声载道，最终政府不得不出面进行干预。再比如，国内的很多高空作业都是由一个人完成，而洛杉矶的法律规定高空作业人员必须有另一个人在旁边进行安全监督。中国企业想要在欧美市场大展拳脚，就不能不关注这些信息，并且需要未雨绸缪地提前准备应对措施。

需要注意的是，虽然大型企业的资源更充足，但因为组织架构更为复杂，导致快速实践 ESG 反而更困难；而中小市值的

第 1 章 | 海外市场：从 CSR 到 ESG

企业敏捷性更强，其执行效率反而更高，在 ESG 的实践上也是如此。例如，对一些刚刚起步的咖啡连锁店而言，通过开具电子小票等方式，既可以向公众展示企业的 ESG 实践，也可以在一定程度上节约成本。可以说，拥抱 ESG 的中小企业市值会更具吸引力，不仅容易引发媒体与公众的关注，在资本层面也更容易获得支持，尤其是在投资机构对于企业展示 ESG 政策和绩效的要求日益严格的当下。

比如，户外服装品牌巴塔哥尼亚（Patagonia）曾多次入选全球前 25 名的中型企业榜单，该品牌从创立之初就秉持可持续发展理念：公司售卖的可重复使用岩钉，不仅可以帮助消费者节约成本，还避免了攀岩时破坏岩石表里及环境的危害。早在 1986 年，该公司就提出捐出营业额的 1% 用来支持可持续发展事业；2011 年，公司发布的标语"不要购买这件夹克"（Don't buy this jacket），不仅成为当年最成功的营销案例，更是吸引了大量认同该品牌的年轻拥趸。作为一家中等规模的企业，巴塔哥尼亚的 ESG 实践不仅帮助它们吸引了大量忠诚度极高的消费者，更是吸引了很多年轻一代中秉持相同价值观的优秀人才。巴塔哥尼亚的案例说明，中小企业 ESG 做得好，还能帮助企业吸引优质人才，显著提高员工的归属感，并获得消费者的认同，进而提升公司的品牌价值。

对于中小市值企业而言，除了效仿同行业中在 ESG 方面已成为榜样的大型上市公司外，管理者还可以参考可持续发展会计准则委员会（SASB）和气候相关财务信息披露工作组（TCFD）等机构提供的准则。从发布 ESG 报告书开始，在没有明显结果的时候，可以重点披露企业在 ESG 实践方面的制度和做法。中小市值企业的管理层需要明白，虽然资源较少，但是有报告总比没有好，这至少表明了企业对 ESG 实践的重视。不过需要注意的是，ESG 报告只是用来认识自身、寻找改善空间的工具，是企业 ESG 管理情况的展现，不应是 ESG 工作的最终目的。

此外，虽然中小市值企业的规模偏小，但在实践 ESG 时，一定要有专门的团队来负责。这个团队哪怕只有一两个人也可以，主要负责推动和监督 ESG 项目的实施。团队成员需要接触公司不同的部门，这样可以确保 ESG 工作全面覆盖公司运营的各个方面，而且更容易传递 ESG 理念。通过团队的带动，让全体员工都了解并认同 ESG 的重要性。对此，可以定期组织团队内部的培训和交流，提升整个团队对 ESG 的理解力和执行力。

中国企业在海外 ESG 实践的挑战

新加坡星展银行（Development Bank of Singapore，DBS）的一份调研数据显示，在亚洲，受调查的大型企业中，87% 已将 ESG 列为重点工作，85% 的中型企业和 75% 的小型企业也持认同态度。实际上，无论在政府还是民间，ESG 是企业在欧美市场开展业务的重要组成部分，几乎已经成为共识。然而，中国企业在海外市场实施 ESG 时，却常常面临着一系列挑战和误区。这不仅影响了中国企业的国际形象，也可能对其在海外市场的长期发展形成障碍。ESG 实践需要与业务结合。一些企业管理层错误地认为，ESG是独立于公司运营和业务发展之外的全新职能，主要任务就是写ESG报告，这实际上忽视了ESG的本质——要在业务中去践行ESG的标准和要求，让企业的外部价值与内部价值真正地融合。也只有与业务真正地融合，ESG才能推动企业的可持续发展。

此外，ESG要与数字化、智能化相结合。数字化、智能化重塑了许多企业的运营模式，对于提高企业ESG管理水平和信息披露质量极为关键。企业无论规模大小，所涉及的ESG不同维度的关键指标数据都是多样且庞杂的，只有数智化技术才能把这些数据纳入ESG绩效管理。对于在海外开展业务的中国企业而言，ESG还要与本地议题相结合。ESG本质是要满足利益相关者对企业的期待，并不仅是遵循冷冰冰的信息披露标准。在践行ESG的过程中，企业要识别不同市场上备受关注的本土议题，加大投入，将联合国可持续发展目标（Sustainable Development Goals，SDGs）与本土实践充分结合，只有这样才能让ESG理念真正落地生根。

第 1 章 | 海外市场：从 CSR 到 ESG

我将中国企业在海外市场进行 ESG 实践时面临的挑战总结为以下几点。

挑战一：以国内思维运作海外市场 ESG 实践

在 DBS 的调查问卷中，虽然约 83% 的小型企业、92% 的中型企业和 93% 的大型企业已经制定或正在制定 ESG 策略，然而仅有 37% 的企业在如何实现目标上有清晰的路线。"我们有长期使命，但没有实施策略，"一家中国房地产建筑公司的管理者曾经这样对媒体表示，"我们根本没有资源来调查并规划未来 10 年的 ESG 举措。"

企业决策层应该深入理解在海外市场进行 ESG 实践的价值，并将其融入公司文化和业务运营中，而不仅仅只是作为一种外部评价的工具。与 CSR 不同的是，ESG 披露需要系统数据支撑、定量数据分析，并保证信息披露足够全面，碎片化的信息披露在 ESG 实践中是大忌。而很多中国企业在海外会沿用国内的思维方式，将 ESG 信息披露理解为对外宣传公司的"好人好事"。

比如国内某公司在一份 ESG 报告中用大量篇幅介绍了企业的社会责任，从帮助贫困儿童到节约水电等举措一应俱全。但是，这种对外"表功"式的报告很难不被外界质疑有"漂绿"的嫌疑。一份高质量的 ESG 报告需要有数据化的支持来反映 ESG 实践对公司运营层面的长期影响。不仅如此，很多中国企业的 ESG 业务的工作人员通常隶属于 CSR 部门，但在欧美，ESG 与 CSR 则是平行部门。

挑战二：将 ESG 仅仅作为公关传播手段

很多中国企业在欧美只是将 ESG 视为单纯的合规或公关工具，从而忽视了本土化的 ESG 标准和实践，以及缺乏长期的 ESG 战略规划。要想做好 ESG 实践，中国企业需要做到真实透明，反映其在环境保护、社会责任和公司治理方面的实际表现和进步。2002 年，当时的诺基亚还是全球手机行业的霸主，而比亚迪则是一家创立不到 10 年的中国新兴企业。当时诺基亚高管参观完比亚迪在菲律宾的工厂，随即提出希望参观比亚迪的员工宿舍和学校。之后诺基亚高管感慨，即使赫尔辛基最好的

第 1 章 | 海外市场：从 CSR 到 ESG

私立学校，其设施也不如比亚迪为员工子女修建的学校。同年，比亚迪成为诺基亚首个来自中国的锂电供应商，而诺基亚在比亚迪早期的发展中发挥了至关重要的作用。多年后，曾有诺基亚高管回顾当初为何选择与比亚迪合作时直言，除了对产品的认可外，还有对比亚迪的企业经营理念和价值观的认同。显然，如果当初比亚迪只是将 ESG 作为公关工具，是无法获得诺基亚的认同与支持的。

挑战三：报告过于随意，低估市场与消费者的智商和判断力

ESG 评级机构 SustainAbility 在 2023 年披露的一份报告显示，在对 262 名中国上市公司的高管进行调研后发现，过去中企在 CSR/ESG 实践中更倾向于遵守政府的规定。随着竞争加剧，如今驱动中国企业实践 CSR/ESG 的主要因素则来自投资人和客户的要求。报告称，53% 的受访公司声称已经宣布 ESG、可持续性或企业社会责任（CSR）战略，71% 的公司聘请了专员来负责落实 ESG 目标。

另一方面，中国企业可能会在信息披露的质量和数量上不符合欧美投资人和监管机构的期望。由于目前行业内缺乏对企业ESG报告的独立审计，导致企业在披露ESG报告时过于随意。我曾在一家中国企业的ESG白皮书中看到了这样的描述："用道法自然、天人合一的中国传统智慧形成有效的ESG生态圈，形成推动ESG发展的合力。"另一家中企的ESG报告则写到该公司将ESG与中国传统文化进行结合，其中E代表天人合一，S代表天下大同，G代表浑然天成。该公司在报告中甚至用"横渠四句"（为天地立心，为生民立命，为往圣继绝学，为万世开太平）来形容ESG。

作为对比，我翻阅了可口可乐公司的一份ESG报告，其中详细描述了该公司在2020年启动新的ESG战略后，在加拿大安大略省，通过基于自然的（Nbs）解决方案，协助本地恢复了总面积约10公顷的22块湿地，恢复后的湿地预计每年可改善14亿升水源的水质。

作为消费者，显然我会觉得与"天人合一"相比，具有翔实数据支持的可口可乐公司的 ESG 报告更有说服力。

挑战四：在对 ESG 操作上瞻前顾后、行动迟缓，不能与市场拓展节奏同步

中国企业在欧美市场面临的法律和监管环境与国内相比有较大不同，这也是进行 ESG 实践时的重要挑战之一。比如，欧盟的通用数据保护条例（GDPR）要求企业在处理消费者数据时遵循严格的隐私保护原则，TikTok 在 2021 年就因为违反了该条例第 12 条的规定，被荷兰数据保护局以侵犯儿童隐私为由罚款 75 万欧元。

由于缺乏对北美市场规则和文化的深入理解，一些中国企业可能会在 ESG 实践时总是过度强调其在环境保护方面的努力，而忽视了社会责任和治理结构的重要性，这种不平衡的信息披露可能会导致外界的误解甚至信任危机。当前，欧美国家最关注的 ESG 议题，除环境保护外，还有劳动力市场的多元化、公

平和包容性，以及性别平等、种族平等、反职场歧视、反职场性骚扰等。除环保话题外，中国企业还需要理解并尊重本地的劳工权利、隐私保护和消费者对社会公正的关切。建立积极的企业公民形象，通过参与本地社区活动、支持社会公益事业等方式，增强企业的社会认同感和影响力。

挑战五：避免进入"漂绿"陷阱

无数案例证明，企业实行ESG实践必须要自上而下，从企业最高决策层向组织各级管理层和基层推进。一些欧美公司甚至将企业管理者的绩效与ESG目标进行联动。比如，达能集团从2020年起就将ESG目标与董事长和CEO的薪酬挂钩。其中，企业绩效占薪酬比例的60%，管理水平占薪酬比例的20%，社会与环境目标占薪酬比例的20%。不仅如此，达能对高管的股票奖励与CDP（碳信息披露）评级联系起来，如果达能连续三年获得CDP的A级评级，高管团队则可以获得一项特别股票奖励。

除了决策层的重视外，企业避免"漂绿"陷阱的另一项重

第 1 章 | 海外市场：从 CSR 到 ESG

要工作是组建专业的团队来负责实现 ESG 目标。虽然一些中国企业效仿欧美企业也在内部设立了首席可持续发展官（CSO）这一职位，但是仍存在该职位无法接触到企业核心信息而沦为"吉祥物"的情况。ESG 不是企业向外界表达善意的声明或报告，而是一种让企业能够为环境、社会，以及自身管理带来积极成果的战略决策。这是帮助中国企业避免在欧美被质疑"漂绿"的秘诀。换言之，取得 KPI 评分不是最重要的目标，关键是用什么方式取得评分。

快问速答

1. 问：在海外做 ESG 一定要与 NGO 合作吗？

答：不一定，选择境外 NGO 时一定要慎重，避免踩雷。美国、加拿大、澳洲、欧洲这些地方的 NGO 和中国的公益行业是完全没有共通之处的，随便捐赠一个公益机构其实不一定会带来正面效果。

2. 问：我的企业发布了ESG报告，为何海外媒体没有兴趣报道？

答：应该由专业人员为企业寻找适合的ESG议题，并由熟悉海外传播模式的机构将议题推荐给媒体。

3. 问：中企在美国目前的身份会比较微妙，ESG是否能够帮助中国企业摆脱一些"不必要"的麻烦？

答：ESG是中企进入欧美市场的"好人卡"工具之一，可以让企业更快地融入本地市场，并获得信任，但是不能帮助企业解决其他的麻烦问题。事实上，中企在欧美的多数麻烦都是合规问题。

4. 问：一种说法认为To B（面向商家）与To C（面向个人用户和消费者）的企业不同，后者其实可以不用太过关注ESG，是不是真的？

答：无论To B还是To C，都必须要有ESG这张"好人卡"，这不仅是拉近与本地用户距离的最有效手段，也是帮助企业在欧美合规的重要工具。

第 1 章 ｜ 海外市场：从 CSR 到 ESG

5. 问：如果我要在海外市场做 ESG，第一步要做什么？

答：仅 ESG 评级在全球就有超过 600 套标准，找到专业的团队，为你量身打造一套解决方案，用成本最低、速度最快的方式成为 ESG 俱乐部的一员。

6. 问：我没有太多预算，能否做 ESG？

答：企业在 ESG 上其实并不需要做太多预算投入，在这个领域投资 1 万美元和 100 万美元其实短期内不会看到明显差异。比投入金钱更重要的是企业决策层对 ESG 的重视程度。现实情况多数是，企业决策层投入了预算却并不关注 ESG，也不会把最优秀的人才放在这个部门，导致的结果就是最终拿出一份敷衍的 ESG 报告了事。这种 ESG 实践不仅不会对业务有任何帮助，还会被外界质疑为"漂绿"。

7. 问：今年初《华尔街日报》（*The Wall Street Journal*）曾发表文章《美国企业最新的禁忌词：ESG》（*The Latest Dirty Word in Corporate America: ESG*），是否意味着在美国反对 ESG 成

了主流？

答：ESG 遭到质疑并不是一个新话题，作为一个多元社会，既有支持 ESG 的群体，也有反对 ESG 的群体。加州和得州对 ESG 的态度就有明显不同，比如一些以得州为主体用户的企业可能会暂时放弃使用 ESG 这样的描述，但可持续发展依然是社会共识。2023 年，美国多个州提出反 ESG 的法案，绝大多数都没有获得通过。

访谈录

对话美讯首席社会责任官、ESG 专家邝楠：
做好海外招聘不能依靠国内经验

其实在我创立美讯之前，与很多海外的服务机构都有过接触，但无论是咨询公司还是公关公司都非常"高大上",会给很多战略规划书,不过谈到如何落地时,却很少有人提及具体怎么做,这种"重战略,轻执行"的做事风格,在我看来就是形式主义。这两年ESG在海外是个非常火热的话题,很多企业家朋友告诉我,由于这个领域比较抽象,因此也很容易陷入形式主义的陷阱之中,于是我找来美讯的ESG专家邝楠,请他从专业的角度来讲述在布局海外ESG时如何做到花小钱办大事。

邝楠:其实ESG对于我们从业者最大的好处就是回馈社会这件事情可以在某些领域中被衡量和认知。比如环保领域,有很多的国际组织,以及联合国都有相应的标准,作为企业只需要与环保组织合作或按照环保标准去做就可以了。但也会带来一个问题,就是在很多企业中,会把ESG放在重要但不紧急的列表中,以我20多年的公益行业从业经验来看,如果作为企业经营者都不认为这是一件重要且紧急的事情,而且这些事情对业务目标又没有直接贡献的话,通常就不会那么重视这件事情了。

彭家荣：大家都知道环保是非常重要的，而且我们也都希望对社会有所贡献。但是另一方面，我们也都面临生存问题，企业的首要目标就是赚钱。我们做环保、爱地球是为了下一代能够有更好的生存环境，但前提是我们这一代能先活下去。这也是ESG很容易被理论化、难以落地的原因。比如，你是一家上市公司的负责人，首要责任就是对你的投资人负责，最大化他们的利益。因此，很多时候我们只要做一个ESG的报告来对外展示形象就可以了，并不需要做实际的事情，你是怎么看待这个问题的？

邝楠：其实不管是回馈社会也好，还是做环保强调对地球的贡献也好，我都不希望这些事情只是一个重要但不紧急的工作。如果你的工作是可做可不做的，那么即使老板拿出了一些预算来支持这些工作，你也没办法让对方发自内心地重视你的工作，因为这些不是企业急切要做的事情。在这种情况下，就变成了不管你的钱如何花，只要对外能体现企业的社会责任即可。大家做ESG

时经常面临的一个现实问题是，做 ESG 通常得两三年的持续投入才能见到效果，但是对于老板而言，你花的却是当年的预算。如果三年后才有效果，企业甚至都不一定能撑过三年，所以 ESG 对当下是没有帮助的。这就导致很多老板会思考，为什么要把钱花在一个不知道什么时候才会有结果的事上，除非我有很多钱。

这就是为什么很多企业最后只是出一个 ESG 报告来敷衍了事，告诉外界它们已经做了这些事情，觉得差不多就可以了。所以它们即使拿出真金白银来做 ESG，也不一定会花多大心思。从企业内部来说，是不会把最优秀的人才放到这个领域的，这就是目前 ESG 的现状。

其实，很多年前大家就已经发现这些问题了。要想真的对社会有贡献，要想让更多的企业愿意持续在这个领域里投入，那么作为专业从业者，就要求必须保证投入的这些 ESG 预算能够对企业当下的经营有所帮助。

彭家荣：具体怎样做才可以把 ESG 变成一个可以驱

动业务的工具？

邝楠：如果没能让 ESG 对业务产生支持，其实是 ESG 从业者的责任和能力问题。在我过往的很多实践中，我发现，如果 ESG 应用得当，它会对业务产生很多不可替代的支持作用。大部分企业能用的资源无非是你的上下游、员工、资金等自有资源。但 ESG 却是企业中极少可以对接社会资源的部门。在我看来，但凡能用企业资源解决的问题都不是瓶颈，因此当企业遇到瓶颈，需要社会资源的时候，可以在回馈社会这个平台上达成共识。这些社会资源对企业来说可能就是无价之宝。我曾经在讲课时举过这样的例子，比如我们现在有一家来自非洲坦桑尼亚的企业推出了一款带有非洲标志的产品并在中国销售，你在看到这款产品时敢买吗？可是如果你发现这家公司的所有员工都有一个中文名字，他们的中文也非常好，这会不会让你更信任他们？ESG 对于海外市场而言，就可以起到迅速拉近与不同文化背景消费群体的距离。那你想想，这对业务会是多大的帮助！

第 1 章 | 海外市场：从 CSR 到 ESG

ESG 最大的利益点倒不在于帮助你获得投资，或者在法律层面获得支持，那些都只是附带价值。我认为，ESG 最大的价值是让你的目标市场的消费者和潜在合作者瞬间觉得你不是一个陌生人。

彭家荣：我以前在华为的前同事如果被外派到非洲的时候，他们一般会带三样东西：第一个是电脑，第二个是内裤，第三个是老干妈。前两个好理解，带老干妈主要是会让他们想家，有共鸣。像老干妈这样极具中国本土特色的品牌产品，即使品牌名翻译得再好，也很难和美国人产生共鸣。我对 ESG 的认识是，你有了这个形象后就不需要再同竞争对手去打价格战了，比如消费者在超市里看到同类的两款产品，如果其中的一个品牌更关心他们的社区、他们的国家，即使价格贵一点，他们通常也会选择它。所以 ESG 也是一个很好地帮助你在海外摆脱价格战的工具。现在无论是 TikTok 还是 Temu 或者很多直播带货平台，都是在卷价格，但是如果你想在海外实现品牌提升，摆脱基础的价格战，或许可以考虑重视 ESG。你怎么看这个问题？

邝楠：我可以给大家分享一个案例。我以前在安利的时候，曾给山区的学校捐赠了 3800 多所厨房，其中包括现代化的蒸箱等烹饪设施，这样孩子们就可以吃到热饭了。这个项目获得了中华慈善奖，在社会上也有很多好评。可是我们到美国总部讲这个项目时，美国同事非常困惑，提问我们为什么要捐赠厨房设施，如果没有厨房，应该去帮他们盖厨房。后来我们花费了很多时间来去解释这些山区学校原来只有一口锅根本不够用等，因为那些美国人是我的同事，对于我的解释他们非听不可，所以听完以后才能理解这些做法。可是如果对方不是我的同事，没有义务必须听这些解释呢？假设你的企业做了很多回馈社会的事情，但是海外的消费者、合作伙伴却不是必须听你讲故事的人。所以，不管你捐了多少钱给灾区，或者你帮助建了多少所学校，这些都很可能没办法让海外消费者产生共鸣，并与之进行有效沟通，这就是我们经常遇到的问题。

第 1 章　海外市场：从 CSR 到 ESG

彭家荣： 我看你提出了 ESG 麦当劳化的说法，能不能说说你是怎样把 ESG 快餐化的？

邝楠： 我以前帮麦当劳写过很多年的文案，所以我对麦当劳的理解比较深刻。我认为，中国的很多知名企业，比如，对于 TCL、联想、青岛啤酒等品牌，即使是美国的消费者，大家也都知道。但是对很多中小企业而言，可能美国的消费者根本就不知道其品牌。在这种情况下，如果你按照大企业的做法做 ESG，投入上百万、上千万美元肯定不现实。既然我们想进入美国、中东、欧洲、澳洲这样的市场，快速让本地消费者认可你，那么就需要秉持以下原则：第一，速度越快越好，在你的领域以最快的速度完成 ESG，最好明天就能够迅速把自己变成 ESG 俱乐部的成员；第二，花的钱越少越好，因为这个领域有浩如烟海的标准，即便是那些国际顶级企业，也没有哪家企业说自己一定能够通过所有 ESG 标准，所以不管你花的钱多还是少，大家都是在路上，即使你花再多钱也不会有直接的回报。

因此，在 ESG 的方向上，你找得越准越好，不管是环境治理，还是回馈社会。在每个门类上都同步走根本不现实，要找到一个最贴合自己的方向，找专业人员，用速度最快、路径最短、操作最简单的方法迅速进入。这就是我提出 ESG 麦当劳化的原因。当然，这只是一个比喻，你要一个汉堡的话，麦当劳可以实现你的目标，而且你不需要花费 100 美元或 1000 美元就能达到目的。

彭家荣：我觉得 ESG 可以成为你更深入地了解本地市场的一种很好的方式。如果你是一个卖储能产品的企业，做 ESG 去捐赠午餐或其他食品，这件事情就会有点奇怪。我想从深圳老板们的角度来听听你的反馈。比如，我是深圳一个竞争激烈行业的老板，我很看重投资回报。我需要 1~2 个月就看到效果，不要等到三年以后才出结果。你会怎么做？

邝楠：首先我会劝他在 ESG 中花很少的钱，因为进入这个领域真的不用花很多钱。我举个例子，比如说你

第 1 章 | 海外市场：从 CSR 到 ESG

让你所有的员工每周或每月有一天骑自行车上班，然后连续三个月骑自行车上班的人，我奖励你一辆自行车，这才花多少钱呢？这算不算在 ESG 领域中身体力行地在做贡献了？我觉得应该重视，但不一定花很多钱。以我自己从业 20 多年的经历看，对于国内市场来讲，ESG 只是众多回馈社会的选项之一，不是非选不可。但是对海外市场来讲，你要跟那些文化背景完全不一样的人融为一体，那么最方便的就是大家有共同的话题，ESG 则是拉近彼此距离最好的话题。

我看到很多中国企业在进入美国市场的时候，它们也希望融入本地市场，像在中国一样去捐赠一些 NGO，捐赠一些本地的机构，然后怎么样呢？美国、加拿大、澳洲、欧洲这些地方的 NGO 和在中国的公益组织是完全没有共通之处的，随便捐赠一个公益机构其实不一定会带来正面效果。我觉得这很值得提醒那些老板们注意，要进入另一个市场做 ESG 之前，一定要找专业的团队去帮你做分析，绝不是花了钱就能搞定的。据我了解，很多海外的投资机构现在投公司考虑项目的一个很重要的标准，就是这家企业有没有一个ESG的规划？它们怎么处理旧设备？怎样降低对环境的影响？等等。

进入另一个市场，无论是合作伙伴还是投资人，最担心的就是你赚一票就走。也许你今天很厉害，但明天我可能就找不到你了。而ESG所有的行为，其实表现出来的都是可持续发展：我在关心人类、关心地球、关心员工的长远发展……我所做的一切都表现出我不是想赚一笔钱就走，你看我在为未来不断努力。我觉得这一点是投资界关注ESG的潜在原因之一。

另外，我参加很多海外展会时发现，并不是简单地把中文的介绍资料翻译成英文就算完成本地化传播了。这一点需要专业的人员、专业的团队、专业的技术分析过程去帮你做决定。尤其对那些于海外市场有诉求的中小企业而言，这点尤其重要。海外市场有很多节假日和纪念日，比如劳动节、地球日等，不可能说因为是特殊

第 1 章 | 海外市场：从 CSR 到 ESG

日子我们就一拍脑袋决定做个促销。现在这个时代，你没有经过一个完整的策划就想做好一场营销是不现实的。对于很多大企业来讲，它的战略规划部门、市场策划部门非常强大，所以看似它们是偶然在这个节日做促销，但其实后面的物流、宣发等方面都是在同步进行的。很多中小企业，尤其是一些新锐品牌，我觉得它们缺少一个参谋部，就是并没有把手里的资源形成一个完整的规划。

彭家荣：最后一个问题，你认为今年 ESG 最有价值或最值得关注的话题是什么？我观察到一个很重要的趋势，很多中国企业在北美、欧洲是直接跟慈善机构、行业协会开展合作，然后通过这些机构的影响力来拓展关系，最大化自己的品牌效应。

邝楠：很多中国企业对于海外 ESG 的诉求是希望能够迅速被本地市场所接受，让美国人觉得它不是一家中国公司。给人的感觉是要变成一家美国本地公司、在北美的办公室要全部找美国人，所有的品牌广告全部都要变成一个美国化的风格，要在超级碗投广告，等等。

在我看来，这些做法太低估美国消费者的智商了。比亚迪在美国做那么久，大概也不会有人认为比亚迪是家美国公司。你能做得最好的事情就是与对方产生共鸣，让对方觉得我们的方向是一致的，这就够了。就像你身处老特拉福德球场，你只需要证明你是曼联球迷就够了，没必要证明你是一个曼彻斯特人。我经常同别人讲，并不是我要把你变成一家美国公司，而是我要把你变成一家在美国可以被接受的公司。

第 2 章

海外市场行业领导力（BR）

第 2 章 | 海外市场行业领导力（BR）

什么是行业领导力？行业领导力的三个维度

我在与大量中国企业交流时发现，沿用国内的经验经营海外业务，认为"搞定"了 GR（政府关系）就可以一帆风顺地开展业务，从而忽视与本地用户、合作伙伴建立信任，是多数中国企业在海外失败的重要原因。换言之，中国企业在国际化的进程中，无论是在海外建厂，还是销售产品，都太过于依靠在国内市场的成功经验，而忽视在海外市场构建行业领导力。

事实上，在我看来，中国企业在海外经营业务前，要做的第一件事情，既不是招募本地团队，也不是砸钱做广告营销，而是先规划好如何在本地市场构建行业影响力。因为只有这样，你才可能获得本地市场、用户的认可与信任，让他们相信你的企业在产品运营、技术研发、市场营销等方面表现出色，能够引领行业的发展，并对本地做出积极贡献。在我帮助大量中国企业国际化的过程中，我将行业领导力分拆为三个维度，分别是：市场领导力、品牌领导力和思想领导力。同时，这也是塑造行业影响力的三个不同阶段。

具体来说，市场领导力更偏向于产品端，是让目标市场的用户相信，你的产品具有业界领先的创新实力和技术优势。品牌领导力则是向目标市场强调你的企业的人文关怀和品牌理念，让本地用户愿意为了你的品牌理念而支付溢价。思想领导力则是持续向行业内外输出你的企业的前瞻性洞察，让更多的第三方为你的企业背书。

在 2005 年的游戏开发者大会（Game Developers Conference，GDC）上，日本知名游戏公司任天堂的前社长岩田聪在进行主

第 2 章 | 海外市场行业领导力（BR）

题发言时说出了这样的话："在我的名片上写着，我是一家公司的总裁；在我自己看来，我是一个游戏开发者；在内心深处，我实际上是一个玩家。即便我们来自世界的不同地方，即便我们说着不同的语言，即便我们吃着不同的食品，即便我们在游戏中有不同的体验，但今天我们在座的每个人都有一个非常重要的相同点。这个相同点就是我们都拥有同样的'玩者之心'。"我从来不觉得任天堂在和其他公司竞争，任天堂应该做的不是和其他公司竞争，而是关注玩家的感受，任天堂的敌人是"不关心玩家"的思想。

2023 年，小米董事长雷军在其公众号上发表了一篇名为《雷军：我喜欢并推崇任天堂》的长文，文中引用了岩田聪的这段发言。文章写道："极致的最高境界就是认知领先于全行业，率先洞察、抵达行业和用户需求的本质。毕竟，人无法做出超过自己认知的产品。只有认知始终领先，才能保障长期不断产出极致产品的能力和环境。""正是因为对'创意'和'乐趣'的深刻认知，任天堂的产品在'游戏性'方面做到了同时代产品的极致。""从任天堂身上，我学到了很多，特别是他们热爱游戏的企业文化和始终关注玩家体验的坚持。因为如果没有热爱和用心，就没有办法把事情做到极致，做到别人做不到的高度。所以，在小米，我也一直鼓励同学们去热爱自己做的事情，并时刻从用户角度思考问题，努力把产品和体验做到最好。"

小米与任天堂并没有进行商业合作，作为一家日本的游戏公司，任天堂的公关部门更无法左右中国手机巨头小米董事长说什么。在我看来，雷军的认可恰恰证明了任天堂在打造思想领导力方面的成功。

前不久，美讯团队曾帮助一家头部的便携储能产品品牌强化在美国市场的领导力。该品牌是亚马逊美国站的储能产品的销量冠军，但是美讯团队在实地走访了美西和美东的 Best Buy、Home Depot、Target、Lowe's、REI 等线下主流销售渠道后发现，这些实体店均无法看到该品牌的现货，只能通过在线方式订购，而竞争对手的产品在这些渠道中则提供了现货产品。此外，美讯团队在研究了该公司的传播策略后发现，媒体对该公

第 2 章　｜　海外市场行业领导力（BR）

司的报道多数是由产品类新闻驱动的，对公司品牌和价值观的报道相对较少。同时，在对比储能类产品上架三年以上的销售商占比发现，储能产品是一个长周期的产品，品牌知名度、品质稳定性、完善的售后服务体系等，对新客户拓展起到至关重要的作用。

针对上述现状，美讯提出了在思想领导力、品牌领导力和市场领导力三个方面进行全方位提升的解决方案（如图 2-1 所示）。

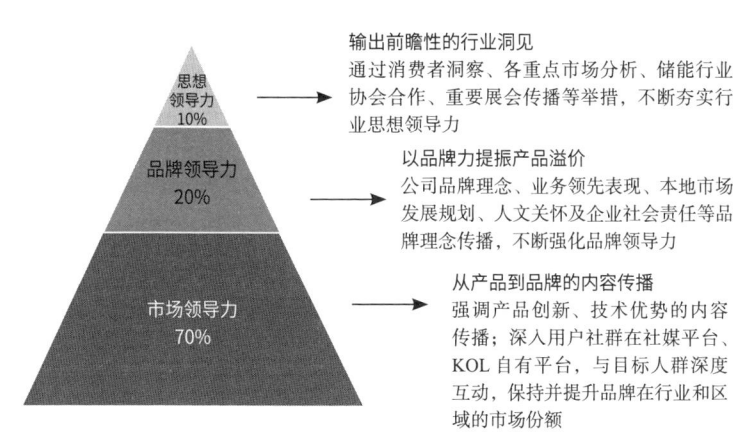

输出前瞻性的行业洞见
通过消费者洞察、各重点市场分析、储能行业协会合作、重要展会传播等举措，不断夯实行业思想领导力

以品牌力提振产品溢价
公司品牌理念、业务领先表现、本地市场发展规划、人文关怀及企业社会责任等品牌理念传播，不断强化品牌领导力

从产品到品牌的内容传播
强调产品创新、技术优势的内容传播；深入用户社群在社媒平台、KOL 自有平台，与目标人群深度互动，保持并提升品牌在行业和区域的市场份额

思想领导力 10%
品牌领导力 20%
市场领导力 70%

图 2-1　美讯行业领导力模型

在社交媒体平台，通过输出行业洞见，推动市场教育和科普，进一步夯实市场领导力。在这方面，不仅需要积极参与本地展会活动，更要在这些活动中与垂直类媒体、KOL、KOC以及用户进行互动。借助品牌日活动，更好地联结用户、媒体与渠道合作伙伴。通过新品品鉴会活动增强用户对品牌的好感和信任度。在品牌领导力方面，则是与美国太阳能工业协会（Solar Energy Industries Association）、美国储能协会（Energy Storage Association）这些机构建立合作，同时撰写出版便携储能产品的市场发展白皮书，发布针对本地市场的消费者洞察报告。通过这些举措，不断强化该品牌无论在技术储备还是市场营销方面都在引领行业未来发展方向的影响力。在思想领导力方面，通过与本地行业协会深入合作，参与跨行业会议并公开演讲，分享行业洞察、趋势分析进行提升。具体包括：与更多其他行业的领袖企业建立战略合作伙伴关系；共同开发新技术和解决方案，以展示公司的引领地位。

美讯团队另一个帮助中国企业增强行业领导力的经典案

第 2 章 | 海外市场行业领导力（BR）

例是，2024 年国际妇女节期间，我们帮助一家中国顶级的生物科技公司策划了女性领导力的传播，并在海外引起了广泛关注。我们为客户推荐了华裔女性俱乐部、美国亚洲协会（Asia Society）这些权威机构进行合作，并邀请媒体对该公司的多位女性高管进行了访谈，对外展示该公司积极支持女性员工职业发展和领导力提升的举措和主张。美讯策划的这一系列选题探讨了在当前商业环境下，女性领导者面临的独特挑战和机遇。这些内容在迎合欧美社会当下关注焦点的同时，通过介绍该公司推动性别平等的战略与实践，帮助他们提升了海外市场的行业领导力、品牌知名度和雇主品牌形象。

从 0 到 1，如何有效在海外市场塑造领导力

再来看一个中企在美国建厂的案例：2014 年，福耀宣布在美国建厂，消息出来后各种质疑的声音络绎不绝。有大 V 直言福耀在美国建厂必将以失败告终，理由是中国工人的月薪为

4000～5000元，而美国工人的薪资是中国的5～8倍。高昂的人工成本注定了福耀美国工厂的失败。福耀董事长曹德旺当时回应表示，美国天然气的价格是中国的20%，电费和运输费是中国的50%，土地接近白送，省下的开支可以抵消人工成本。在各种争议中，福耀在俄亥俄州代顿市建立的工厂最终于2016年投产。不过，随之而来的是中美文化差异而产生的各种冲突。2019年，美国高地制片公司拍摄的纪录片《美国工厂》揭示了福耀美国工厂里中国外派员工和美国员工之间的摩擦和矛盾：美国工人在福耀美国工厂亏损的情况下要求涨薪，被拒后部分美国工人离开了工厂；同时，留下的美国工人则抱怨低薪以及劳动强度大且工作重复性强，而中国外派工人则抱怨无法忍受美国工人的低效。

《美国工厂》播出后，在美国社会引起强烈反响，并最终获得了当年奥斯卡最佳纪录片奖。影片导演在接受采访时公开表示，我欣赏曹董事长，他答应拍摄之后，从来没有违反他的承诺，高层会议也向制片方敞开大门。即使是在工厂最困难的时

第 2 章 | 海外市场行业领导力（BR）

候，对影片制作的态度也从始至终保持开放。

曹德旺则在影片上映后表示，我想让美国人相信，中国工厂不是他们想象的那样，公开我的行为，有利于增进两个国家的文化互信。福耀这种将不同文化冲突直接展现在公众面前的做法，祛除了中国公司的神秘感，反而为亏损的工厂带来转机。2022年底，福耀的美国工厂所生产的玻璃，已占领了全美25%的市场份额，该工厂工人的平均年薪也由2016年的3万美元上涨至5万美元。公开报道显示，很多北美的初创车企过去往往由于订单量较小，传统供应商不愿意为这些企业生产定制化玻璃，而福耀美国工厂则愿意为这些中小企业提供定制化产品。此外，为了有效处理与本地员工的矛盾，福耀雇用了LRI（本地劳动关系咨询公司）来处理纠纷。这一举动意味着，福耀从一开始就遵守着本地的游戏规则。随着福耀代顿工厂的成功，美国多地开始争相邀请曹德旺前去投资，并提供各种减税、补贴政策。曹德旺本人也于2023年被美国国际领袖基金会授予"杰出制造业贡献奖"。

作为一个帮助中国企业走向全球市场的专业人士，我认为福耀美国建厂的案例充分向中国的企业家们证明了在海外市场建立信任的重要性，而信任是从 0 到 1 建立影响力的关键环节。《美国工厂》这部纪录片并没有一味吹捧福耀，反而将中国企业的优点与缺陷，以及落地美国所面临的文化冲突直观地展现在公众面前。在中国，很多人会用"西餐"来描述一些西方食物。但事实是，意大利披萨和美式披萨是完全不同风格的两种食物，法式大餐和巴伐利亚饮食也有着巨大差异。这背后体现的是不同国家、不同人群在文化和价值观上的迥然不同。如果只是用"西餐"这样的笼统概念来概括这些差异，只能说明对西方的市场、文化、用户习惯并没有深入的了解。

我在帮助中国企业走向全球市场的过程中，经常有很多企业家担心对西方的风俗文化并不是很了解，问我与海外的合作伙伴、媒体、用户沟通时有没有什么诀窍？通常我的回答是，坦诚沟通就好。只有这样，你才能获得信任，并由此迈出在海外市场构建领导力的第一步。具体而言，我认为从 0 到 1 搭建

第 2 章 ｜ 海外市场行业领导力（BR）

在海外的影响力需要做到以下几点。

1. 海外销售渠道

对于很多 To C 的中国品牌而言，在北美销售产品时通常会优先选择在线上电商渠道进行产品销售，这种做法并没有错。但是对于一个打算长远扎根北美、有壮志雄心在海外市场构建领导力的品牌而言，则应该同样重视线上与线下渠道的销售。得益于移动支付的普及，中国的消费者几乎已经习惯通过电商购买大到家具家电，小到纸巾可乐等商品，但是北美市场的情况却完全不同。在北美，现金和信用卡依然是消费者购物的主要支付手段，线下渠道仍是主流人群购物的途径。在中国，一个品牌入驻天猫、京东这样的电商渠道才算进入主流市场，而北美则恰恰相反，只有把商品卖到沃尔玛（Walmart）、塔吉特百货公司（Target Corporation）、百思买（Best Buy）、开市客（Costco）这些线下渠道，才算是真正进入了主流市场。因此，很难想象一个在北美市场有领导力的品牌却没有线下销售渠道。

2. 海外合作伙伴

我发现一个有趣的现象是，很多在海外取得成功的中国品牌，他们的合作伙伴通常是本地的企业或协会；而那些在海外市场折戟的中国品牌，大多更热衷于在国内或海外的华人圈子中寻找资源。中国企业想要在海外市场构建领导力，至少应该去国际市场上交朋友，找到与自己志同道合的合作伙伴，不要指望在国内就能找到海外的优质资源。如果你的目标市场是欧洲，那么就应该参加每年的欧洲科技创新展（Viva Tech）；如果你的目标市场在北美，则一定不能缺席国际消费类电子产品展览会（CES）；如果你是光伏领域的企业，则需要积极准备每年的美国国际太阳能展览会（RE+）。

3. 社交媒体不能不用但要慎用

2023年时，百威啤酒曾策划了一场社交媒体营销活动，他们邀请一位跨性别KOL在instagram上发表了向百威啤酒致敬的内容。没有想到的是，这次活动给百威带来了巨大的负面影

第 2 章　海外市场行业领导力（BR）

响，大量百威的用户在社交媒体上发起了抵制百威啤酒的行动，该活动后百威啤酒的销量直线下滑了 21%；与此同时，百威的竞品销量则暴涨了 17.6%。这次失败的营销活动还导致了百威负责营销的高管被迫休假，百威集团副总裁引咎辞职。

在我看来，这个失败的营销案例，就是因为百威的策划人员过于迎合热点，却忘记了自己的主要消费人群是偏向保守的人士。同国内市场一样，社交媒体在海外也正变得越来越重要。但是，与国内市场不同的是，如果你的企业在没有对北美市场的文化、用户有充分的了解前，做社交媒体营销需要慎之又慎。很多中国企业在进入北美市场时，为了凸显本地化，经常会选择一些北美地区的 KOL 进行合作，但这样的营销行为往往伴随着很高的风险。网络时代，营销中的任何一个小失误，都可能给企业带来巨大的麻烦。尤其是在近年来北美社会的政治光谱正在发生偏移的背景下，那些拥有数十年营销经验的跨国公司也经常踩坑。所以对那些初出茅庐的中国企业而言，宁可不做营销投放，也好过投放一场引来争议的营销，这样反而不利于企业塑造行业领导力。

4. 应对海外媒体

事实上,谈到领导力这个话题,不可避免地要提及如何与海外媒体打交道。在我接触的部分中国企业中,有些对待海外媒体的态度处于两个极端——有的企业对海外媒体采取了避之唯恐不及的态度,有的企业则将塑造海外领导力的重任全部寄希望于海外媒体发布多少稿件这样的 KPI 上。

要想真正有效搭建品牌在海外市场的领导力,上述这两种态度都不可取。曾经有一个国内的企业家朋友问我,亚马逊封了他们的账号,能否找一些关系好的海外媒体抨击一下亚马逊的这种行为。经过进一步了解,我发现导致账号被封的原因是这家企业的运营人员没有严格遵循亚马逊的条款。我曾经跟很多客户说过一句话,即使彭博社的主编是我亲弟弟,他也不会帮我报道我的客户。在应对海外媒体这个问题上,我认为海外传播的核心之一就是在尊重对方原则的基础上，一方面挖掘出媒体感兴趣的企业内容，另一方面为企业受访人做好充足准备去传递正面的企业故事。

我的很多海外媒体朋友们告诉我，并不是他们不想报道中国企业，而是很多中国企业沿用在国内的媒体应对策略来面对海外媒体，这令他们难以适应。显然，拥有一个熟悉海外媒体运作方式的专业 PR 团队，以及正确应对海外媒体的策略，是企业搭建海外领导力不可或缺的一环。中国企业在海外市场做传播时，一定要记住这个常识：你无法用钱买到那些真正有影响力的报道。

5. 关注 ESG

很多国内的企业家朋友告诉我，他们知道 ESG 在海外的重要性，但是也担心这块业务的投入成本过高，这对刚刚进入国际市场的企业而言，会是很大的负担。其实，在我看来，ESG

是中国企业品牌在海外市场本地化过程的一部分。想做好 ESG，首先是要梳理你有哪些故事可以同外界分享。比如，你可以分析一下公司的男女比例，以及海外员工和本地员工的比例，或者你的企业曾经与哪些 NGO 进行过合作，无论是环保方面还是社会方面都可以。

建设企业 ESG 是一个漫长的过程，梳理出来你已经做的事情，从中找出适合与外界分享的内容，这是第一步。在入门阶段花 1 万美元和 100 万美元所取得的效果不会有显著区别，因为回报都不会即时到来。但是如果把时间跨度拉长，以 10 年、20 年、50 年的周期看，每一分微小的努力，都有不可替代的价值。具体关于 ESG 的部分，本书的第 1 章有详细介绍。

6. 搭建海外团队

很多企业家都向我反馈在海外招聘方面很是困难。在我看来，中国企业之所以在海外招聘时困难重重，主要有两点原因。

第 2 章　海外市场行业领导力（BR）

首先，人才梯队问题。中国近 30 年才开始商业化，但是人才储备却需要很多梯次培养。同时中国企业很多都是爆发式需求，这些都导致了可供企业挖猎的对象比较少。而且很多时候，中国企业建设海外事业部大都属于拓荒状态，这又进一步增加了招聘难度。不过，这个问题随着中国进入国际市场的企业越来越多，以及国家的国际影响力日益加强，情况正在逐步改善。

其次，认知问题。即使招聘海外华人也会与国内的人在文化上有所差异，更何况招聘本地人。这就要求中国总部的管理者在思考海外市场时不能再依靠国内的思维模式和经验，这点说起来容易做起来难。此外，本地的法律法规，风俗节日等问题也需要考虑。如果对海外的认知不到位，就会给拓展海外市场带来很大阻力。阻碍中国企业海外招募优秀人才的最大阻力就是思维惯性，也可以理解为文化差异。东方文化和西方文化之间有着明显的不同，这就是为什么很多中国公司在海外招聘时会默认这样的梯次：国内出身华人、侨胞华人、海外华人，东亚人、东南亚人、欧美人，其本质还是文化认知差异。

在此再总结一下这一节的内容：从 0 到 1 塑造行业领导力，可以从销售渠道、合作伙伴、媒体、社交媒体、ESG 这几个层面入手。媒体报道可以让你的消费者和合作伙伴在网上搜到你的品牌信息。线下渠道能让消费者体验到你的产品，社交媒体能让消费者对你的品牌产生共鸣。与本地的合作伙伴、协会建立友谊可以帮助你拓展本地的人脉关系网，你需要非常了解你的本地合作伙伴是否具有长期思维，以及作为合作伙伴，对方是否与你的价值观高度一致。举例来说，我们都知道中国的企业效率很高，员工对加班的接受程度也比较高，但是如果你在北美本地的合作伙伴对效率并不是很看重，那么当你急需解决一个重要问题时，很可能会出现合作伙伴的对接团队告诉你"今天下班了，明天再做"。关于本地团队的搭建，一个优秀的本地化团队应该具备跨文化沟通和理解的能力、情商高、危机感强烈、"想办法"的心态、长期思维等特征。

第 2 章 | 海外市场行业领导力（BR）

构建行业领导力的几个误区

我在与中国企业家们的交流中发现，大家对行业领导力是企业出海成败的关键因素这一点已经达成了共识，但是在具体实践上还存在很多误区。本节，我会将收集到的那些误区部分信息进行总结。

误区一：沉默是金

2022 年 10 月，阿迪达斯发布声明，表示即刻终止与美国说唱歌手、时装设计师坎耶·维斯特（Kanye West，中文昵称侃爷）的合作。阿迪达斯的椰子系列（Yeezy）产品线也停止生产和销售。事情的起因是，侃爷的反犹言论在社交媒体上引发了轩然大波，阿迪达斯在随后的 14 天中却没有任何回应。就在阿迪达斯选择沉默的两周时间中，该公司股价从 118 欧元跌至 110 欧元，并引起大量用户的抵制，最终酿成一场公关危机。很多中国公司在遇到外部的批评时，通常也会选择类似阿迪达斯的做法，选择沉默是金。尤其在北美市场，他们往往担心自己是中国公司，所以不愿意与媒体接触，怕媒体报道负面新闻，即使遇到负面消息往往也保持沉默。然而，这种选择只会让结果更糟糕，因为即使你不发声，也会有外界替你发声。当你保持沉默，让竞争对手来替你发声时，通常事情会变得更糟糕。同样是2022年，当年8月在苹果工作了22年之久的副总裁托尼·布莱文斯（Tony Blevins）在接受网红采访时发表了歧视女性的言论，结果几天后苹果公司就对外宣布开除了这位高管，该事件不仅没有给苹果公司带来公关危机，反而为它们赢得了一片赞誉。类似事件，不同的选择会导致不同的结果，沉默是金显然是最坏的选择。我建议读者可以访问一下沃尔玛美国的新闻中心，大致浏览一下新闻发布的日期和标题就行，你会发现公司基本上1~3天就有自己的宣传信息。虽然话题或热点有大有小，但一直在有规律地自我发声。

误区二：遇到问题先找关系

2023年有条新闻在跨境电商圈中引起了广泛关注。具体内

第 2 章 | 海外市场行业领导力（BR）

容是，西雅图的检察官宣布，2020年9月因欺诈和贿赂亚马逊工作人员的一名卖家顾问获刑10个月并罚款50 000美元。该案件的起因是，罗希特·卡迪米塞蒂（Rohit Kadimisetty）此前曾在亚马逊工作，但是从2017年以来，他就一直以欺诈和贿赂的手段来提高某些商家在亚马逊平台的收益。检查官认为，罗希特利用他曾经在亚马逊工作过的知识和人脉，通过收取费用来恢复在亚马逊平台上被暂停或冻结的卖家账户。罗希特的工作被称为卖家顾问，通过勾结亚马逊内部人员，他向卖家们提供的非法服务包括：窃取亚马逊算法的机密信息、恢复已被暂停的账户和下架的产品、规避亚马逊仓库的库存费用、虚假声明遗失库存、协助攻击卖家的竞争对手和产品，等等。在我看来，这起案件证明了出海企业在陌生的海外市场一定不要乱找关系，虽然这些关系有可能会暂时奏效，但是从长远角度看，一定是弊大于利。这两年伴随着中国企业出海的热情高涨，导致了出海服务这个市场鱼龙混杂。很多人都会告诉他们的客户，自己在海外有很多关系，有的说可以帮助客户解冻亚马逊的跨境电商账户，有的说自己和很多海外媒体从业者私交甚厚，能够搞定各种主流媒体。如果有人连你的企业的基本情况都不了解就随意做出承诺，你反而要小心这极有可能是个骗局或对方在夸大其词。

误区三：在北美要摆脱中国公司的身份

我是加拿大人，目前在纽约工作。可是日常无论与合作伙伴还是媒体交流，别人都不会问我来自哪里，因为这和我做的事情没有任何关系。合作伙伴看到的是我能给他们提供哪些帮助，媒体朋友看重的是我能给他们带来哪些有价值的新闻。很多中国企业在北美做生意时，会把总部搬到新加坡，然后尽量避免谈及自己是一家中国公司，但实际上这种行为并没有什么意义。虽然部分中国企业在北美市场遭遇了歧视性对待，但是依然有很多解决办法。真正重要的是，无论你来自中国还是来自非洲，北美市场的用户更看重你的产品的品质如何、服务是否优秀，而合作伙伴更看重的是你的公司能否帮我赚钱。与这些相比，你的公司来自哪里并不重要。换个角度来看，三星来自韩国，丰田来自日本，这些企业在北美并没有刻意规避自己来自哪里。中国公司如果扭扭捏捏地刻意规避自己的中国身份，反而会让用户和合作伙伴对你产生质疑。

误区四：需要总部拍板决定

有这样一个案例：一家中国企业在北美组建了一个本地团队，该团队根据本地情况做品牌、设计、市场营销等方案。当这些内容完成的时候，他们需要将其发回中国总部进行审核，结果总部的领导一看，觉得这些设计很糟糕，然后提出了加入一些中式设计和宣传风格的修改建议。最终的营销方案在北美推广后，本地人几乎无法理解这家公司要做什么。很多朋友向我咨询，如果要在海外设立分公司或办事处的话，在管理架构、公司制度上是否应该与中国总部保持一致？对此，我的回答通常是，在价值观、公司使命和企业目标上必须保持与总部一致，但是在管理和沟通方式、员工考核等具体操作上，需要授权给本地的管理团队，毕竟每个国家的情况都不一样。比如国内的很多企业都有打卡文化，但是在海外分公司则需要慎用这样的管理方式。并不是说打卡文化不好，而是指在不同的文化环境下，企业的海外分部需要因地制宜地实现本土化。很多中国公司在拓展海外市场时，大事小事都需要总部拍板，这并不是正确的做法。总部可以给海外分部制定需要达成的目标，至于如何完成，则应该适当放权给海外分部的管理团队。

误区五：跨文化沟通不重要

我在华为的深圳总部工作时，当时有大概400个外国员工，我的中国同事会跟我说："克里斯，你和别的老外不一样，别的老外工作都很慢，他们也有些懒散，每天6点钟就下班了。"而我的外国同事则会告诉我："克里斯，中国人的效率也太低了吧。他们每天都工作到晚上10点、11点，工作还不能按时完成。"两边的人都认为对方效率很低，但事实上双方都是行业中的佼佼者。我举这个例子的目的是想说明，无论是一个人还是一家企业，进入到一个新的国家时，你都会看到一些所谓的低效和错误。从过去在北美取得成功的中国企业的经验来分析，那些能够留住人才的出海企业的一个共同特点是：它们都成功解决了跨文化沟通这个难题。就拿开会来说，在北美，开会的目的就是争论，通过争论来表达不同的目的。在会议上，你甚至可以批评自己的老板，这种表述就是北美的文化。可是换到中国的开会文化中，会议是达成共识的一个机会，如果直接冲突和表达不同意见，通常是不合适的。在中国的企业文化中，开会通常是在宣布一件已经决定的事情。会议不是决定要不要做，而是讨论如何去做。这种冲撞就会导致跨文化沟通障碍。我认为，对于出海的中国企业而言，要了解跨文化的区别。这两种不同的开会方式没有高下之分，只是文化差异而已。如果你的企业要出海，要招募优秀的本地人才，那么就需要理解并尊重本地文化。

误区六：细分市场不重要

在北美，企业需要考虑更多的细分市场，比如非裔市场、亚裔市场等。而中国的出海企业所提供的产品和服务则较少做此类细分。一般我们提到美国市场，大家想到的是60%的白人市场，但是有些产品却需要做更多细分的考虑。如果你是一家假发品牌，就一定要考虑非裔消费者的喜好。另外，在地域上，纽约和洛杉矶几乎是完全不同的价值观，这两个地方的消费者在消费习惯等方面，几乎不像是同一个国家。这就要求中国的出海企业需要针对不同地区的用户，制定不同的经营策略。

误区七：对外传播拼搏精神

在中国的社交媒体上，我们经常可以看到企业家们与合作伙伴开会到半夜的故事，以体现公司老板的敬业态度。有的公司还会把员工在公司内搭建行军床的照片分享出来，以此向外界展现公司的拼搏精神。但是在北美，这样的宣传很可能会适得其反。比如 2022 年底，马斯克在入主 Twitter 时曾遭遇一场公关危机。事情的起因是，BBC 负责科技领域的记者詹姆斯晒出的一系列 Twitter 公司的内部照片显示，公司内的很多会议室被改成了员工宿舍，有些沙发被改成了临时床铺，甚至还有房间内配置了衣柜，有员工向 BBC 反馈马斯克经常睡在办公室中，而很多员工为了保住工作，也不得不追随马斯克。这些内容曝光后，引发了广泛关注，福克斯新闻台（FOX News）等媒体都在电视节目中批评了马斯克的这一做法，就连西班牙国家电视台（TVE）也引用了这些素材，质疑马斯克的做法。旧金山建筑检查局甚至对将办公室改装为员工宿舍一事展开了调查。对于中国的出海企业而言,要理解因为文化差异的原因,这些所谓宣传企业拼搏精神的素材,很可能在国外引发争议甚至批评。因此,做海外传播时,既要理解中西方文化的差异,又要理解国外媒体的思路。比如同样的事情,谷歌的传播策略就很巧妙,它们对外传播的素材是公司为加班员工搭建了睡眠舱,为感到劳累的员工提供一个舒适的休息场所,以此体现公司的人文关怀。

误区八:参加海外展会不用做太多准备

事实上,现在已经有越来越多的中国公司开始重视参加海外展会。但我也观察到这些公司在海外参展时,多数时候是准备不足的。2023 年,我在拉斯维加斯参加 RE+ 展会时,发现至少有 40% 的参展公司有中国背景,同时我也发现很多中国公司的展位在比较偏僻的位置,如果没有预约,现场人员很难找到这些展位。有一家参展公司甚至在物料标题上连"global"这个单词都拼错了,这是非常基础的错误,即使你的产品再好,这样的营销也会让海外客户认为这家公司很不专业。还有一些中国公司的展台上有工作人员在玩手机，一家企业对参展是做了充分准备，还是临阵磨枪，现场观众很容易看出来。试想一下，一家中国企业花费大量成本在海外参加展会，但是展位却在会场最偏僻的地方，参展人员也不专业，海外客户会信任这家公司吗？

快问速答

1. 问：在与海外各种行业协会合作前，如何甄选出哪些协会是真正对我有帮助的？

答：一个小技巧是，如果你在海外遇到以国家和国家为名建立的协会，基本上可以不用花费太多时间和精力同他们打交道，反而是一些以本地为名的行业组织或协会可以真正为你介绍本地的资源。举例来说，纽约商会这个组织从名字上看，与中国没有任何关系，但是对出海的中国企业却很有价值。如果你的企业想要拓展美国市场，那么他们可以为你对接很多纽约本地的合作伙伴。

2. 问：是不是只有彭博社、《纽约时报》这些头部媒体才有影响力？

答：很多中国企业在做海外传播时，会把关注点放在彭博社、纽约时报、CNN这些头部媒体上。不过，一味追求头部媒体的影响力反而不如选择那些适合你的品牌调性的媒体。比如你是一个跨境电商的品牌，那么CNN的观众显然不是你的潜在客户。在北美做传播，有针对性地寻找媒体是很重要的工作。如果你的企业想要认真拓展北美市场，让你的品牌在这里生根发芽，在媒体传播上就必须选择能够真正覆盖你的目标受众的媒体。

3. 问：公司的海外网站是否需要和中文官网保持一致？

答：中英文官网有必要保持一致，但是海外官网和社交网络平台上则可以针对海外用户的关注点有针对性地生产内容。另外，建议企业统一管理海外社交媒体账号，将不发布实质性内容的账号进行注销，或者明确其他用途加以区分使用，以免造成外界识别的混乱。

4. 问：在海外是否一定要给品牌用英文名称？

答：如果你要打入本地市场，需要关心的是本地消费者和本地商业合作伙伴。很多中国出海的公司标识（logo）中还有中文，这就会提高本地消费者的认知难度。其实，很多在海外成功的中国品牌，它们使用的标识都是英文，这样做的目的就是为了拉近与海外用户的距离，比如在海外知名度很高的青岛啤酒，其英文名称就是 Tsingtao Beer。

5. 问：中国企业走向海外是否首选北美市场？

答：对中国企业而言，如果参与国际竞争，应该优先选择进入北美市场。理由是，一旦在北美市场取得成功，就等于拿到了进入国际市场的门票，完全可以复制北美市场的经验，在欧洲、东南亚取得同样的成功。反之，企业却没办法通过复制在东南亚市场的经验在北美取得成功。此外，我同很多海外的跨国公司人士交流时发现，他们的共识是，美国市场应该成为战略高地，其次才是非美发达市场与新兴市场。无论是韩国的三星还是日本的索尼，仔细分析这些巨头崛起的轨迹，你会发现，他们都是通过在北美市场取得成功后，才获得了进入全球市场的门票。

6. 问：中国企业家如何在海外打造个人IP？

答：如果你是一家C端企业的企业主，我会建议做一些北美主流媒体的传播规划，再配合IG、FB这些社交媒体。如果你是一家B端企业的企业主，我会建议重点做领英（LinkedIn），因为在这个平台上你不仅可以定向主动地联系客户，而且可以让客户在社交媒体上看到一个更真实的企业家形象。另外，在海外适当地为自己说话很有必要，但要把握好尺度，一定不能"大嘴巴"。中国企业家在海外打造个人IP是为了更快认识更多朋友，从而帮助企业品牌在海外获得认可与信任。企业家可以在个人账号上发布高质量、有价值的见解，但是不要去谈论商界的是非，也不要发表容易引发争议的讨论。

第 3 章

海外市场人力资源（HR）

第 3 章 ｜ 海外市场人力资源（HR）

进行海外招聘之前必须了解的事

2014—2017 年前后是中国互联网公司开启国际化浪潮的关键时期。这段时期可谓百花齐放：猎豹移动成立了在美国的第一个办公室，团队规模超过 50 人；百度投资超过 3 亿美元在硅谷建立新研发中心，团队规模一度超过 200 人；阿里云在美国的数据中心投入运营，成为中国外的首个海外数据中心；京东在硅谷设立首个亚洲外的研发中心，负责大数据、AI 等项目的研发；滴滴在美国加州和加拿大多伦多设立了研发实验室，负责研发 AI、智能交通等领域的新技术，等等。此外，还有唯品会、美图、完美世界、苏宁等一众中国公司积极在美国开展业务。然而遗憾的是，这些中国的互联网巨头企业在经历了一轮在美国的风风火火后，成功者却寥寥无几。其中，既有因中美宏观环境发生变化导致中国互联网公司开始收缩战略的原因，也与中国公司在海外招聘上遇到困难，没能有效解决与本土员工的文化差异有关系。

2016年时，曾有一家知名的中国互联网公司大张旗鼓地去硅谷招募研发人才，这支由业务和HR组成的招聘团队在硅谷待了两周后，不仅一个人才都没招到，反而在招聘期间引发了不小的风波。起初，该公司的招聘团队在硅谷进行招聘时，有大量人才投出简历并预约面试，不过由于该公司的HR团队并不了解北美文化中对个人隐私的重视，在面试环节中不仅询问对方目前的薪资水平，更是询问了对方的家庭情况，导致大量应聘者在领英等平台上吐槽该公司。这轮风波之后，该公司的招聘团队甚至出现了无人向它们投简历的情况。最终，这个出发前曾怀着雄心壮志的团队铩羽而归，被迫回国并吞下在海外分部未招牌到任何一人的苦果。

第 3 章　｜　海外市场人力资源（HR）

在全球化的大背景下，虽然越来越多的中国企业希望走向世界舞台，然而，这一过程却并非没有挑战。从文化差异到法律法规，中国企业在海外招聘以及与本土员工磨合时，还必须克服一系列难题。例如，一些国家可能重视团队合作和社会关系，而另一些国家则更重视个人成就和经验。中国企业想要在海外取得成功，首先必须打造出一支既了解中国文化及中国企业的优势，又了解本地文化和人才评估标准的专业化团队。如果没有一支熟悉中国文化与本地文化差异的团队，那么实现国际化根本无从谈起。

换言之，能否打造出一支了解中国与本地文化差异的团队，某种程度上决定了中国企业国际化的成败。而在海外招聘之前，中国的企业家们首先应该问自己的一个问题：我的企业目前处于一个什么样的发展阶段，为什么要进行海外招聘？以进入美国市场的企业为例，有的中国企业选择在美国设立办事处，有的则会倾向于成立分公司，有的选择进行劳务派遣，有的则会直接招募员工，不同的选择方式会带来完全不同的结果，成本更是天壤之别。美元的购买力是人民币的 2.5 倍左右，因此中国企业在美国招聘人才之前，要先想清楚为什么我要用比中国高 2.5 倍的成本在美国雇用一个人。如果你在美国以 20 万美元的年薪雇用一名销售，对方能带来每年 200 万美元的业绩，这就是正向循环。反之，如果你在美国的业务才处于起步阶段，初期还是纯成本投入，那么劳务派遣则是成本更低的方式。

我的建议是，如果你在美国的业务已经具备一定规模，而且本地业务能够为你创造收益，那么你可以在美国组建分公司并直接招募员工。如果你对美国市场一无所知，处于前期拓展阶段，希望先在本地强化品牌形象，那么组建美国办公室，并以人才派遣的方式招募本地员工是试错成本更低的选择。

多数情况下，中国企业进行海外招聘主要基于以下三点考虑：第一，寻找增量市场——通过在海外招聘适合公司业务和文化的人才，进一步扩大企业的国际市场份额；第二，强化品牌在海外市场的影响力——通过招聘海外人才，加速公司的全球化进程，扩大国际业务，提高企业品牌在国际市场的知名度和竞争力；第三，提高研发水平——在一些技术领域，人才也会随着国际形势的变化而产生壁垒，因此在海外市场招聘研发人才可以帮助企业提高产品的研发与设计水平。

不同的目的对招聘的要求和难度不同，所对应的海外人选定位和招聘渠道也各有不同。很多企业的HR，尤其是公司初次涉及海外市场，在招聘海外人才时并不能准确区分和衡量这些问题。对于如何设置薪资标准、与海外员工沟通等方面都缺乏经验，导致很难招到优秀的员工。一般对于这种企业，更推荐是寻找第三方专业的团队来协助企业进行海外招聘。

接下来，我会从用工成本的角度解析一下劳务派遣与直接招募员工的成本差异，以及什么样的情况下必须成立公司。

首先，从薪酬构成而言，美国并不要求企业缴纳各种社保和公积金。假设你的企业雇用了一个4000美元月薪的员工，那么企业的用工成本就是4000美元出头，如果是采用劳务派遣的方式，按照行业惯例，企业还需要向劳务派遣的合作方支付40%的管理成本。照此计算，一个月薪4000美元的劳务派遣员工的总成本在5600美元左右。虽然合作伙伴会收取40%的管理费用，但是企业却节约了HR、法务、财务等方面的成本，因此对很多中国的中小企业而言，劳务派遣反而是成本最低的人才招募方式。对于选择这种方式在美国运营业务的中国企业而言，你不需要成立美国分公司，只需要设立办事处即可。不过，需要注意的是，以这种方式在美国运营业务的话，是无法招聘兼职或实习生的。

通常来讲，如果你团队的规模超过10人以上，成立分公司自己组建HR、IT、财务等团队的方式会更有效，但如果你刚刚在美国开展业务，只有一个2~3人的团队，那么显然没有必要为了支持这两三个人，再去招聘全职的HR、财务等人员。需要说明的是，中国企业最好不要直接将国内的HR团队空降到美国分公司来管理HR业务。要知道中国与美国有着巨大的文

第3章 | 海外市场人力资源（HR）

化差异，在中国的招聘环节中，HR通常会问应聘者目前的薪资是多少以及期望薪资是多少，在美国HR如果询问同样的问题会让应聘者觉得被冒犯。因此，在美国公司的HR必须是非常了解美国本地文化的专业人士。

当你的企业解决了是进行劳务派遣还是直接招募员工的问题后，接下来第二个要面临的问题是你的企业适合在哪个州开展业务。

一般而言，如果是石油化工类的企业，会更倾向在得克萨斯州建立分公司或办事处；时尚行业会优先选择纽约州；科技公司则会优先选择加利福尼亚州。与中国不同的是，美国的50个州基本上相当于50个文化迥异的小国家，因此不同州之间的政策法规和文化风俗也有着明显差异。比如在加州很流行的不干涉（hands off）条款[①]在得州就完全不适用。再比如加州的公

[①] 是指给下属充分的自由发挥空间，不干涉工作的具体内容。——编者注

司之间员工离职是没有竞业协议的，今天离职明天就可以去竞争对手那里上班，而在其他一些州为了避免企业之间的恶性竞争，会有法律要求员工离职2~3年内不允许跳槽到竞争对手那里。另外，非常重要的一点是，在得州一些被认为是正常沟通的行为，在加州有可能会被认定为性骚扰，如果因此惹上官司的话，会是一件非常麻烦的事情。美国每个州的法律都不一样，但凡触犯了哪一点，都会对企业品牌的声誉造成严重破坏。

进行海外招聘之前必须了解的最后一件事是美国没有法律上的灰色地带，海外招聘同样如此。如同之前所讲，企业给员工开出的薪资基本上就是这个人的用工成本，因此在美国没有所谓避税的说法。中国企业进入美国市场前，一定要明白这里没有灰色地带，而且法律非常健全，钻空子的行为一旦被发现，很快就会身败名裂。

第 3 章 | 海外市场人力资源（HR）

国内招聘与海外招聘有哪些差异

以美国市场为例，中国企业在美国招聘优秀人才时，首先需要了解和遵守美国的就业法律和规定，这包括对隐私、薪酬、种族、性别等敏感问题的处理方式。美国作为全世界教育最发达的国家之一，企业并不难招到优秀人才。但是对中国企业而言，首先需要有了解本地法律法规的专业 HR 人员负责帮你招募人才。HR 如果不专业，可能人才还没有招到，反而给企业惹上了官司。通常，询问应聘者过去的薪资是不被允许的。此外，年龄、性别、家庭状况、移民身份、种族和宗教等问题也都属于个人隐私，不应在招聘过程中询问。在中国，这些信息通常是在面试环节中 HR 会向应聘者了解的，而在美国，这些信息则通常是委托给第三方机构进行背景调查的。

具体来说，海外招聘与国内招聘的差异在于，国内招聘环节中，可以用通用的问题模板来向应聘者提问，在北京或深圳招人不会有任何差别，HR只需要了解劳动法即可。但是在美国，负责招聘的团队必须精通本地文化，知道如何吸引本地人，而作为负责招聘的专业人士，不仅需要精通美国各州的法律，更需要了解美国不同地区的文化差异和风俗习惯。

在北京、深圳这样效率很高的超大城市，职场人大多习惯用比较简单直接的方式进行沟通，但同样的方式若发生在美国，太直接会让对方觉得被冒犯。比如，在面试环节中，国内的HR看到应聘者简历中有1~2年是空窗期，会直接问对方你这两年是不是没有工作，在做什么；而在美国，HR则会很婉转地问能不能和我分享一下简历中没有写的这两年你有没有经历什么有趣的事情。国内的应聘者听到HR的这个问题时，一般会比较紧张地做很多解释，而美国的应聘者面对这个问题时，一般会回答"我不方便回答这个问题"。

另外，国内HR在招聘环节中，通常会询问应聘者是否结婚、孩子多大、配偶的工作情况，以及过去的薪资等信息。但

第 3 章 | 海外市场人力资源（HR）

在美国，这些信息都是个人隐私，属于禁区。一旦 HR 问出这些问题，对有脾气的应聘者而言会觉得这家企业很粗鲁，不愿意在这里工作；而对于比较注重个人隐私的应聘者，很可能会以侵犯个人隐私为由将企业告上法庭。

我的建议是，HR 在海外招聘中可以询问对方期望的薪水，而不是问历史薪资。对很多刚刚落地美国的中国企业而言，应该寻找专业的猎头公司进行合作，由他们帮忙招募人才，这样不仅可以让企业知道面试环节中的禁区，也可以规避很多法律风险。

很多中国企业曾花大力气在美国招聘人才，有些却收效甚微，其实招不到人的根本原因还是不了解美国文化。你对本地文化一无所知，怎么可能吸引到本地人才？文化在一定程度上决定了大家有没有可能合作，以及能合作多久。对于中国企业而言，最有效的做法是招募一个懂中西文化差异的华人作为管理者，带领一帮美国人帮你拓展本地业务。从数据上看，美国大约生活着 600 万华人，这其中既懂中西文化差异，又适合担任管理岗位的少之又少。因此，中国企业最节约时间成本也是最有效的做法，就是通过猎头公司帮你招募人才、组建团队。

对于希望在国际上招聘人才的中国企业来说，了解并遵守海外市场的就业法律至关重要。通过采取积极主动的法律风险管理方法，企业可以保护其正常运营，培养积极的国际关系，并为其全球扩张努力的成功做出贡献。"出海"的旅程充满挑战，但只要精心规划，驾驭这片水域其实也并不难。

中国企业在海外招聘和建立雇主品牌形象时的常见误区

硅谷猎头公司海瑞欧（HireIO）的 HR 专家杰西卡·鲁安（Jessica Ruan）告诉我，对于不了解美国文化的很多中国企业而言，他们几乎是没有办法独立完成海外招聘的。理由是在进入美国市场之前，中国企业试错成本最低的方式是先找专业的咨询公司进行市场调查，然后才找猎头定向挖人。自己做的话，无论是在 HR 招聘环节，还是财务、法务环节都可能因为不了解本地文化和法规而踩坑。杰西卡认为，对中小企业而言，找麦肯锡这样的咨询公司进行市场调研的成本太高，不具有现实可行性，因此由猎头公司提供量身定制的服务是成本最低的方式。她建议，对于不了解美国各州法律和本地文化风俗、薪资标准、用工条件的中小企业而言，海瑞欧有一整套的全案解决方案。同时，杰西卡也向我分享了一些经典的海外招聘案例。

案例 1. 某宠物商家的 SaaS 平台：人才画像不清晰、不了解美国市场

该公司是一家初创公司，已获得 A 轮融资，在美国的业务正处于团队搭建的初级阶段，没有招聘工具，招聘流程混乱，而且没有专门负责招聘和面试的 HR，招聘工作存在很大问题，从而对雇主形象产生了极其不利的影响。其存在以下问题。

- 没有自己的应聘跟踪系统（Applicant Tracking Systems，ATS）。初创企业通常都还没有自己的 ATS，即使有，也还没有专门负责招聘的 HR 去做这个事情。
- 沟通效率低，给候选人留下不好的雇主印象。没有 ATS，也没有专门负责招聘的 HR，面试要 CEO 亲力亲为，但是 CEO 还有业务、公司管理等各种各样的事情要做。在这种情况下，一是很难约到面试时间，造成招聘流程推进缓慢；二是即使约到面试，CEO 也未提前做准备，没有充分了解候选人的经历背景，原本约定半个小时的面试，最终没聊 10 分钟就让候选人先回去了，或者在面试过程中突然因为其他工作打扰，不得不中断面试。
- 在面试中，对候选人的考察出现偏差。这种情况也是因为没有提前做面试准备造成的，例如在面试客户成功（Customer Success）[①]职位的候选人时，更应该询问了解一

[①] 是一种新兴职业，负责客户全生命周期的服务与支持工作的岗位，核心职责是与客户建立和维护长期合作关系，以确保客户能够实现其目标并对所使用的产品或服务感到满意。——编者注

第 3 章 ｜ 海外市场人力资源（HR）

下他之前的服务项目的整体细节，以及在客户服务过程中遇到问题的解决措施，而不是一直考察候选人的逻辑能力，这会和客户成功职位的实际工作技能存在偏差，让候选人感觉面试官很不专业。另外，他们在初步筛选候选人时，会完全通过笔试筛选掉部分候选人，这样可以快速推进面试流程，但这种方式也太过片面，毕竟像客户成功这类岗位，在实际工作中有很大的灵活性，所以完全依靠笔试来筛选候选人是不太妥当的，可以将笔试成绩作为最终是否录用的一个参考项，而不是一锤定音的决定项。

- 想以更少的成本雇用到产出更高的人才。初创公司的通病是，认为员工愿意跟着自己疯狂"卷"；前期公司给不了多少支持，很多工作都要从零开始搭建，一个部门、一个岗位、一个人做所有事情，甚至还有调班等一些很复杂的工作情况。在这种情况下，薪资却给不到理想标准。

- 想在直接对标公司挖人。对标公司已经是几百上千人的规模，基本都是行业的头部，人员充足，组织架构清晰，发展稳定。站在候选人的角度来说，既然在这样的大公司干得好好的，我为什么要去一个未来发展不可预知的初创公司呢？我原本只用做好分内的工作就好，到了初创公司，工作内容和工作量都要增加。另外，公司的发展稳定性尚不确定，个人的职业晋升也不能保证，又给不了理想的薪酬，我为什么要和你一起"卷"？

针对上述问题，我提供了以下解决方案。

- 猎头公司协助做好招聘追踪，及时反馈招聘进程；
- 及时跟踪 CEO 的时间，协调面试的时间，并在面试前和 CEO 做好准备沟通；
- 提供该岗位的人才画像，并列出常见的面试考察问题；
- 建议将笔试成绩作为参考项，避免错过更加合适的候选人。同时，向该企业详细介绍了美国市场的"现实"情况，及时调整自己的预期要求，然后在薪酬福利方面做出适当的提高。

案例 2. 某 AI 芯片公司：寻找双语 & 二元文化背景、专业的美国合规及法律负责人

该公司是一家纳斯达克的上市公司，主要做 AI 芯片，由于中美贸易冲突，其 AI 芯片产品正面临着在中美之间的进出口挑战。为了降低外部环境对其业务的影响，有效避开美国的法律限制，加上该公司对美国的执法和雇佣法规的了解有限，因此急需一名法律顾问加入它们的团队。其存在以下问题。

- 在美国没有专业的招聘团队；
- 对美国的雇佣法规不了解；
- 没有清晰的人才画像；
- 对美国人才市场不了解，没办法及时地挖掘到合适的候选人。由于所处行业的特殊性，符合需求且愿意"以身犯险"提供支持的候选人少之又少。

猎头为该公司提供了全职直接招聘解决方案，并建议采用远程工作模式。根据需求，主要从以下几个维度筛选候选人。

针对上述问题，我提供了以下解决方案。

- 扎实的法律专业知识，特别是在中美贸易领域；
- 中英双语背景；
- 中国出海企业的工作背景；
- 在中美贸易方面有过成功经验；
- 具有 AI 芯片领域的知识背景。

最终，通过以上举措，海瑞欧协助该公司成功招聘到一位法律顾问，为其在全球业务扩张中提供了坚定支持，最大限度地避开了中美贸易冲突的影响，为其美国业务的合规性保驾护航。

案例 3. 某国内上市家用电器公司：出海战略规划失误，没有树立良好的雇主形象

该公司是一家在中国国内上市的头部家电企业，正进行全

第 3 章 | 海外市场人力资源（HR）

球化扩张，在欧美多个国家同步进行业务布局，但出海战略有很大问题。以北美地区为例，当时业务团队在北美地区制定了 8 亿元的销售目标，但在美国没有注册成立公司实体，也没有选好办公地址，就直奔纽约进行招聘。其存在以下问题。

- 在美国没有成立实体公司，也没有开设银行账户。
- 招聘阶段是在临时办公室进行的，还没确定好在美国的办公室地址，却要求北美所有员工必须到办公室上班；后面有一个确定要入职的候选人，却在入职前一天被通知公司办公室搬走了，通勤需要三个小时。
- 对美国雇佣法规不了解。
- 工作汇报流程烦琐，多个 HR 同时对接同一件事，执行效率低下；当时有四个 HR，没有搞清楚上级领导的意思，却问同一个候选人四次同样的问题，然后再去揣摩老板的意图，还长时间不给候选人回复。
- 理想和现实差距。招聘了一个外籍的首席运营官（COO），主要负责销售线，对方三个月就离职，长期找不到合适的替补人选。

- 雇主形象问题。中国传统企业的"文化通病"是上级传达意向很快，但执行层面的汇报线和执行效率较低。企业在面试过程中对候选人说不差钱，但是具体到搬家补贴等具体问题执行的时候却拖拖拉拉，让候选人感觉不被尊重，认为公司的信用有问题。

针对上述问题，我提供了以下解决方案。

- 在招聘策略上，建议该企业找熟悉北美法律和本地文化的第三方服务商进行合作。
- 在战略规划上，建议该企业要想在北美长期发展，就要稳扎稳打，一步一步提前规划好，从上到下做好战略部署，工作传达及时到位，不然整体的运营成本会非常高。

第 3 章 | 海外市场人力资源（HR）

案例 4. 国内某知名个人护理品牌：在北美搭建一支本土化团队以拓展海外市场

该公司是国内个人护理领域的知名消费电子品牌。在个人护理领域，其品牌产品在中国市场发展迅猛。海外业务发展的一年多时间里，一直是由深圳总部团队远程操控，但是国内的团队对海外市场的了解有限，导致海外营销策略不够"接地气"，因此公司急需在海外市场组建一支本土化的团队，帮其拓展海外市场。招聘任务时间短、任务重，需要短期内同时把欧洲、日本和北美这三个地区的核心团队同步搭建好。其存在以下问题。

- 理想与现实脱钩。最初的人才画像发现并不适合公司现实情况；公司原本想在北美搭建一个纯本地人的团队，以便深入北美市场，但是面试了几个候选人，发现交流成本太高。本地候选人普遍不会说中文，而面试官的英文又不够流利，双方沟通需要第三方翻译才能顺畅。本来只要 10～20 分钟的面试，因为语言问题，面试时间成倍拉长。

在之后的工作汇报和对接中，如果双方沟通不畅，会导致工作效率低且成本高的情况发生。

- 中美文化差异。中国企业文化普遍存在的问题是雇佣双方存在一种"不对等"的关系，雇主总觉得自己的地位比候选人高，在面试过程中就会表现得比较强势，会单方面向候选人提问题却不主动介绍公司和自己，致使候选人的面试体验很不好，给候选人留下一种"中国企业不尊重人"的印象。最终，因为没有建立起良好的雇主形象，导致六个候选人第一轮面试后主动退出。

- 缺乏雇佣双方的平等意识。面试官在面试流程中会出现临时取消、迟到、行为举止鲁莽等情况，比如候选人本来不希望周日晚上九点面试，但老板一定要安排这个时间，结果应聘者同意了该时间，老板却未上线。

- 招聘合规性。在招聘流程中，公司决定让候选人在短期内做一份对本公司未来一年的发展 PR 市场营销计划的 PPT，展示自己之前的 PR 经历，并在面试中加以讲解。这个涉及候选人的知识产权，通常在北美属于付费知识范畴，不能免费在面试中展示。在入职流程中，因为使用国内的入职流程，不合理地要求候选人提供信用证明、体检证明等。
- 面试流程待优化。客户想要在短期内正确并全面评估候选人，所以会有多位面试官加入线上面试，导致沟通比较碎片化，单次面试的时间较长，候选人的面试体验不佳。

针对上述问题，我提供了以下解决方案。

- 重新定位候选人画像。经过多轮面试之后，发现语言问题导致双方之间的沟通效率低下，所以中美两地需要有一个"沟通桥梁"。建议在北美团队的管理层中，至少需要一个有中文背景的管理者。最终，总经理这个职位招到了一个华人。因为前期的候选人画像没做好，导致整个面试周期拉长了很多，用了八个多月的时间才让总经理到位。
- 重塑雇主形象。因为要在本地搭建一个本土化的团队，所以建议公司了解并建立一套本土化的企业文化，而不能把国内的企业文化照搬过来。PR岗位的候选人是一个本地人，机构出身，前一段工作经历是在对标公司做公关经理。

候选人希望开启一段新的职业发展路径，想要从 0 到 1 搭建团队，双方在工作诉求上是互相满足的，但是在面试中，候选人不太理解客户公司的企业文化，所以在纠结要不要接受 offer，经过海瑞欧的协调沟通，候选人答应入职。

- 本土化面试培训：明确雇佣双方的对等选择关系，特别是在面试过程中，做到相互尊重，平等交流，提高面试效率，给候选人留下一个良好的企业形象。刚开始招聘的几个岗位都是领导者的角色，所以更加"接地气"的面试方式可能效果更好。这里为该公司梳理了一个简单的面试框架，即首先双方自我介绍（简单闲聊寒暄），然后向应聘者介绍面试的流程，并根据职位要求提问题（注意问题的合规性），最后是应聘者提问时间，在面试过程中可以多称呼对方姓名，拉近和候选人的距离。

- 招聘合规性培训。因为中美两国法律法规的差异，在面试及雇用的过程中，很多在中国合理合法的行为，在美国却是违法的。像客户刚开始要求候选人做一份 PR/市场营销计划的 PPT，或者在入职前让候选人提供信用证明、体检证明，在美国都是违法的。为了避免类似情况的再出现，为该公司进行了美国雇佣法规的培训。

上述四个案例基本可以囊括中国企业进行海外招聘时遇到的困难。在海外招聘环节中，招到同频的人才并不难，前提是你的企业需要了解本地的法规和文化，并遵守和尊重这些法律和文化。

中国企业如何做好本地员工的跨文化管理

在介绍跨文化管理前，我想先解释一个常见误区，过去在我们的理解中，中国人通常不会明显区分工作与生活的界限，而美国人则将生活与工作的界限划分得非常清楚。这样的说法既对也不对，美国人确实比较看重个人隐私，但是在国内，工作就是一份工作，而对很多美国人而言，工作几乎相当于其生命的全部。从这个角度去看，一份工作的价值对美国人和中国人来说是不一样的。这么说的原因在于，对中国人而言，多数人都拥有存款，即使失去工作，大不了离开大城市去生活成本更低的小城市过日子，有的甚至可以回老家啃老或自给自足。但是在美国，人们几乎没有储蓄的习惯，失去工作就意味着无法支付房租、车贷乃至必要的生活开支，失业极有可能意味着就要流浪街头。因此对很多美国人来说，工作几乎是生活中最重要的部分。因此你可以看到，在美国很多四五十岁的人还在做实习工作，他们非常敬业，而且法律也允许这样的情况存在。而在中国，通常只有刚进入社会的毕业生才会做实习工作。

我在与中国企业家交流的时候，很多人会问我，目前的中美局势，会不会仅仅因为我是中国企业的原因，就招不到优秀的本地人才。对于一部分华人而言，可能他们确实有类似的担忧，但是对美国本地人而言，他们根本就不在乎你是中国企业还是韩国企业，绝大多数人都只在乎你的企业有没有发展潜力，以及你能给多少薪水。与你的企业来自哪里相比，他们更看重你的产品在美国市场有没有竞争力、你的市场占有率如何、有没有竞争对手，以及工作的稳定性。毕竟没人希望上班努力奋斗一段时间后，结果公司没了，自己又要重新找工作。

2022年6月，《金融时报》曾报道说，TikTok的中国管理团队与伦敦员工之间的文化冲突在短期内引发了离职潮。伦敦员工抱怨这家公司的企业文化与英国文化背道而驰。冲突主要因为当时一位中国高管在考察伦敦分公司的电商业务团队时表示，他不认为企业应该为员工提供30周的带薪产假。这一言论引起了TikTok伦敦员工的愤慨，导致其电商业务中有一半员工选择离职。随后又有离职员工在社交媒体爆料，TikTok经常要求员工每天工作12个小时，并把工作到凌晨的行为作为正面案例大肆宣传。这一事件不仅引发大量员工离职，也引发了英国用户开始抵制TikTok的电商业务，最终该公司在英国的电商业务终告失败。

中国公司进行海外员工的跨文化管理时，另一个误区是将国内的管理制度照搬到海外。比如，在中国很多公司都流行打卡和加班文化，有些公司甚至规定迟到半小时就要扣薪水；而在美国，尤其是硅谷照搬这样的管理制度显然是行不通的。对很多科技公司的研发人员来说，很多人是从中午12点开始工作，一直工作到晚上。我知道的美国公司中，几乎没有任何一家有考勤制度，很多公司都是以OKR来考核员工的。此外，硅谷很多中小企业的办公大楼在6点就会熄灯，是系统自动设置的，工作做不完可以带回家继续做，但是美国没有加班文化，谷歌、苹果这些科技巨头的办公大厦会24小时亮灯，但员工基本上也是想留在公司就留，不想留就不留，绝对不会强制加班。

在我看来，无论是美国还是英国，中国企业想要走出去，成功实现国际化，无论是在产品上，还是在员工管理上，都要去适应本地文化。中国企业在走向世界的过程中，可以把中国文化带到其他国家，但必须要十分精通本地的法律。无论是欧洲还是美国，其实有很多本地人是接受加班的，因为工作就是他们生活的全部。作为一家中国企业，如果你的企业有加班文化，又一时无法在海外市场摒弃这种文化，在遵守本地法律的情况下，完全可以在前期的招聘环节中选择那些对加班接受程度更高的员工。这样在后期的工作磨合中就会减少很多问题。反之，如果你招聘的员工完全不接受加班，而你的企业又有加班传统，那么今后在工作中势必会产生无法调和的矛盾。

宏观来看，中国制造（Made in China）在美国的受欢迎程度极高，无论是游戏这样的娱乐产品，还是互联网应用及一般消费品，美国消费者都很愿意买单。我最近接触的一家中国企业，它们的产品是激光切割机，而美国根本就没有同类的产品。因此，中国产品凭借自身的高性价比在美国有着强大的竞争力。

在 AI 这样的高科技领域，或许美国处于领先地位，但是在消费品、工业用品等领域，中国产品拥有着美国无法比拟的优势。在这一背景下，中国企业无论是招聘环节还是用工环节中，都应该向你的海外员工展示出中国企业的这些优势所在，这既能更好地帮助企业进行跨文化管理，又可以提高员工的忠诚度。

快问速答

1. 问：我的企业想要在美国招聘应届毕业生，如何为他们激活专业实习（Optional Practical Training，OPT）[①]？

   答：企业的 HR 去找学校激活就可以了，另外应聘者也可以拿着取得的 offer 去让学校激活。

2. 问：我不是美国人，是否可以在美国注册公司？

   答：任何人都可以在美国成立公司，申请公司不需要美国身份，只要年满 18 周岁就可以了，不限国籍。

3. 问：在美国哪个州注册公司比较好？

   答：特拉华州、怀俄明州和内华达州是在美国注册公司的首选。其中，特拉华州以其成熟的法律体系和对企业友好的

[①] 即美国 F1 签证学生毕业后的一年实习期，这段时间有工作许可，可以为任何公司服务。——编者注

法规而闻名，对于融资上市所配套的税务、法务相当成熟。怀俄明州是第一个支持有限责任公司（LLC）的州，其注册费和年费比内华达州至少便宜50%以上，因此非常适合初创企业。内华达州注册公司的成本虽然是全美最高的，但是其对股东隐私的高度保护也是物有所值，该州是唯一一个不与美国国税局（IRS）交换公司税务信息的州。此外，内华达州还没有企业所得税、专营税以及州的个人所得税，并且公司股东董事信息不公开。

4. 问：在美国成立公司是选择LLC（有限责任公司）还是C-CORP（股份公司）？

答：如果企业主并非美国公民而且不持有绿卡，建议首选C-CORP。如果企业主已经有了社会安全号码（Social Security Number，SSN）或个人纳税人识别号码（Individual Taxpayer Identification Number，ITIN），希望在美国留下信用记录，则应该选择LLC。LLC的优势在于没有双重报税的问题，不需要召开烦琐的股东、董事大会；C-CORP 的优势在于可以将个人从公司隔离出来，只承担有限的责任。

5. 问：中国企业要在美国开设分公司，高管如何申请签证？

答：中国企业的高管需要申请 L-1A 签证，这是一种非移民签证，允许国际公司的高级管理人员或具有专业知识的员工在美国工作。申请 L-1A 签证的中国企业必须与美国企业有合规的关联关系，如母子公司、分公司或关联公司关系。其次，申请人在过去三年内至少有一年时间在中国企业担任高级管理职位。最后，申请人在美国的工作职位也必须是管理层级的职位。对于新成立的美国企业而言，L-1A 签证的有效期通常为一年，之后可以根据公司的运营情况申请延期。对于已经运营超过一年的企业，L-1A 签证的初始有效期为三年，最长有效期限为七年。

6. 问：一旦海外员工与公司爆发冲突，应该如何管控危机？

答：通常这些冲突都是因为没有处理好文化差异产生的沟通障

碍导致。中国企业在处理与海外员工的冲突时，首先，应该建立一个跨文化的沟通平台，让所有员工都能在相互尊重的基础上表达自己的观点和担忧，由专业调解人员参加，以确保所有声音都能被听到并得到妥善处理。其次，应该制定一套完善的冲突处理流程，明确哪些行为可以接受，哪些行为不被容忍。比如，TikTok 的中国管理人员就因为在参观英国电商团队时说出不合时宜且违反本地法规的发言而遭到抵制。因此，一个国际化的管理团队成员需要定期接受培训，以此了解不同文化背景下的员工的工作方式，避免"口无遮拦"的情况出现。

7. 问：进行海外招聘时如何与应聘者建立信任？有哪些途径可以招聘海外人才？

答：面对面的沟通十分重要。曾有一家中国的区块链企业在美国招聘人才，当时联系了很多候选人，但只有几个人愿意给他们投递简历。最后该公司选择与猎头合作，由猎头充当企业与候选人之间的沟通桥梁，最终双方见面沟通后，都对对方非常满意，公司招到了满意的人才，候选人也找到了合适的工作。很多海外员工对工作的稳定性非常看重，因此，中国企业在招聘过程中与候选人建立信任的时候，需要在介绍公司的环节向候选人证明公司发展的稳定性。面试环节，需要尽量使用简单的语言，避免使用俚语，以确保应聘者可以更容易地理解你的意思，减少沟通障碍。此外，企业的 HR 在沟通过程中，还需要通过询问方式来确认候选人是否理解了你的观点。这样不仅可以确保沟通的有效性，还能展现出企业对候选人的耐心和尊重。企业可以使用 LinkedIn、Indeed、Monster 等招聘网站寻找候选人，如果对本地文化、法规并不了解，与猎头公司合作是更好的选择。

8. 问：进行海外招聘时有哪些"禁忌"？

答：不同国家、不同地区的禁忌有着明显的差异。以美国为例，企业在招聘和面试环节中，HR 不能提及性别、婚姻、过往薪酬等问题。国内很多企业在一些特定岗位的招聘启事中会有只限男性的描述，但在美国如果有这样的描述则会引起对企业的抵制。

访谈录

对话 HireIO 海拓优才创始人蒂姆·李：
做好海外招聘不能依靠国内经验

蒂姆·李（Tim Li）告诉我，中国企业海外招聘困难主要有两点原因。

一是人才梯队问题，中国近30年才开始商业化，但是人才储备却需要很多梯次培养。同时，中国企业很多都是爆发式需求，这些都导致了企业挖猎对象比较少。而且很多时候，中国企业建设海外事业部都属于拓荒状态，这又进一步增加了招聘难度。不过，这个问题随着进入国际市场的中国企业越来越多，其影响力逐步加强，正在逐渐缓解并得到改善。

二是认知问题，即使招聘海外华人也会与国内的华人在文化上有所差异，更何况招聘本地人。因此要求中国总部的管理者在思考海外市场时不能再依靠国内的思维模式和经验，不过这点说起来容易做起来难。此外，本地的法律法规、风俗节假日等问题都需要考虑。如果对海外的认知不到位，就会给拓展海外市场带来很大阻力。

在蒂姆看来，阻碍中国企业海外招募到优秀人才的最大阻力就是思维惯性，也可以理解为文化差异。东方文化和西方文化之间有着明显的不同，这就是为什么很多中国公司在海外招聘时会默认这样的梯次：国内出身华人、侨胞华人、海外华人，东亚人、东南亚人、欧美人。其本质还是文化认知差异。

第 3 章 | 海外市场人力资源（HR）

蒂姆认为，HireIO 海拓优才实际上是帮助中国企业首先解决海外市场的认知问题，其次才是解决人才供需问题。此前 HireIO 海拓优才曾服务过一家移动电源品牌企业，对方想要在海外招聘 GM（总经理）一号位。HireIO 海拓优才团队首先对客户的现状进行解析，在这个过程中了解到客户是一个口碑和用户基础都很不错的电商品牌，打算在海外做线上＋线下的运营模式，并计划进入开市客和百思买等线下主流渠道。这个职位不仅需要熟知本地化的营销方法，还要有管理海外 KOL 的能力。在与客户多次沟通后，HireIO 海拓优才的团队发现客户对该职位的理想人才画像与海外市场的情况有所偏差，市场上没有足够的类似人才，而且这类人才所处的行业和主打产品也都与客户的公司有着明显的不同。此外，客户还是第一次在海外招聘 GM，于是 HireIO 团队建议客户不要一开始就找本地人，而是应该找一个有双语背景的华人，最终从户外旅游的发烧社区帮助客户挖到了一个人，应聘者在与客户沟通后非常愉快。

"有时候，海外招聘其实不需要大量面试一群人，精准的点对点狙击反而效果更好。我们发现客户的人才画像与实际情况不符时，及时帮助客户进行了修正，改变了对方的认知。总而言之，海外招聘是理解客户和本地市场，根据自身情况定制化招募，这样才能做好本地化落地。"蒂姆如是说。

选择国际化的中国企业大多是在国内激烈的市场竞争中拼杀出来的佼佼者。在蒂姆看来，进入国际市场的时候，企业家一定不要理所当然地觉得自己是天选之人，而是要在拓展海外市场时保持敬畏之心。

蒂姆表示，"当你觉得自己是天选之人的时候，就很难听进去别人直接和犀利的建议，而一旦老板听不进去外界建议的时候，就很难找到适合的人才，我们已经见过太多这样的案例了。"

他透露，在海外招聘的案例中，80%的企业老板都会犯同样的错误。因此，想要解决中国企业海外招聘的难题，最重要的不是避免犯错，而是不要犯同样的错误。海外人才市场与国内人才市场有着明显的不同，因此客户应该避免一种思维：你是猎头，我想要什么人才，你就要给我招什么人才。如果怀有这样的心态，即使在海外招聘到合适的人才，对方也很难长久合作。

比如，国内企业多数时候是用微信或钉钉这样的社交软件工作，很多时候老板是在工作群里确认工作内容，但是海外则普遍以邮件沟通为主。这种工作风格的不同也是文化差异的一种表现。再比如，国内企业擅长用KPI考核员工，老板希望员工做的事情看得见、摸得着，这样才能确认员工在做事。但是在北美，尤其是科技行业，信任和给员工足够的空间才是雇主与雇员之间的桥梁。很多硅谷公司招聘人才，反而是结果导向，给员工足够的空间让对方去自由发挥。

蒂姆认为，在做海外招聘前，中国企业应该先想清楚，你选择招聘人才的角色是什么？需要具备哪些能力特征？是否需要给对方一定的空间和信任？

尽管当下中国企业在海外招聘上目前仍然遭遇困难，但是蒂姆依然看好中国企业参与国际市场竞争的前景。他认为，无论是现在的中国企业国际化还是当年的外国企业进入中国市场，本质上都是面临本地化的问题。不过当年外企进入中国是为了倾销产品，或者在中国寻找廉价劳动力。而现在中国企业国际化则是在品牌上与国内同行和欧美企业进行竞争。

"现如今这波国际化浪潮与2000年初完全不同，当时是出口便宜的产品到海外，现在则是中国企业将内卷延续到国际市场。"蒂姆如是说。

蒂姆认为，如今中国企业在产品质量和迭代上都已经做到了领先水平，不仅是在同日韩、欧美的企业进行品牌竞争，也是在和国内的对手竞争。比如Temu，它们的对手既有来自美国的亚马逊，也有来自中国的Shein。

第 3 章 | 海外市场人力资源（HR）

今天敢参与国际竞争的企业，都是在国内的激烈竞争中不断迭代出来的集大成者，这是他看好中国企业国际化前景的原因，也是他选择与美讯携手帮助中国企业解决海外招聘难题的信心。未来很长一段时间，中国的制造业从 OEM（国际贸易术语，即原始设备制造商）逐步转型做品牌、做溢价，这是基本逻辑。中国制造业的竞争力依然强大，所以他非常看好海外招聘这个市场。

在谈及 HireIO 海拓优才的竞争优势时，蒂姆告诉我，首先，它们是一个专家型服务公司，在客户端有非常好的口碑。没有任何一家人力资源服务公司像 HireIO 海拓优才一样经历过如此丰富的客户案例，因此他相信企业 90% 以上的海外人力资源问题，HireIO 海拓优才都见到过，可以给企业提供很多帮助。

其次，HireIO 海拓优才在市面上是一个非常务实和结果导向的专家型团队。不急功近利，更看重长远合作伙伴关系，对美讯、对客户都是这个态度，因此会针对客户和市场提供可持续的人才解决方案，而不是简单的提供收费方案。

最后是生态服务。由于总部在硅谷，除了战略投资美讯外，还投资了 AI 大模型招聘公司等前沿领域，通过资源整合、生态合作，给企业提供多维度的支持。

第 4 章

海外市场的投资者关系（IR）

第 4 章 | 海外市场的投资者关系（IR）

什么是投资者关系？海外与国内 IR 的差异

IR 这一职业最早起源于 20 世纪 50 年代，当时由于美国经济的高速增长刺激了社会上有更多资本可以用于投资企业。此时，通用电气公司董事长拉尔夫·科迪纳尔（Ralph Cordiner）开始认识到企业与股东沟通的重要性，于是设立了 IR 部门，并延续至今。其工作核心是保持企业与投资者之间的沟通，建立并维护企业与股东的信任关系。

通常来说，一般企业会在 IPO 前夕组建 IR 团队，由该团队负责与交易所、投资人的对接工作，IPO 后则负责企业的信息披露，以及与分析师的沟通等工作。对上市公司而言，IR 团队会负责诸如关联交易、股权激励、增发新股、高管人事变动等公告内容的撰写，并按照交易所的格式要求进行发布。企业定期的财报披露也需要经过 IR 团队进行修改审核。此外，IR 团队还需要负责企业官网投资者关系板块的维护、更新，保证投资者能在该页面找到最新的企业信息。对海外上市的中概股企业而言，IR 团队还需要监控公司股票的交易情况，遇到大量卖空时需要在企业内部发出预警。

除了这些日常工作外，IR 团队还会在路演活动中回答分析师、投资人的问题，在开放日中邀请分析师、投资人来公司考察，以此建立信任。一些中小型公司出于成本考虑，有的会选择第三方 IR 服务商来与分析师、投资人沟通。第三方 IR 团队的优势在于对市场热点和投资人的喜好把握得更为准确，而企业自建 IR 团队的优势在于，更加了解企业的信息，更容易与投资人建立信任。

第 4 章 | 海外市场的投资者关系（IR）

另一方面，中国国内上市企业与中概股企业的 IR 团队在工作内容侧重上也有所不同。比如，在当初元宇宙概念最火爆的时候，国内企业可以凭借一条进军元宇宙行业的消息就刺激股价快速上涨，而美股市场投资人通常不太关注这样的信息。

与国内投资市场相比，美股、港股市场主要以机构投资人为主，他们更关注企业的长期业务规划、盈利情况、商业模式等，不太关注营销层面的信息。因此，面对美股、港股投资人时，对 IR 团队的专业性要求也会更高。这就导致中概股企业与海外企业类似，IR 部门是常规配置，团队的分工也更为细致；而面向国内投资人的 IR 团队则更强调工作的全面性，团队也更为精简。

从工作内容看，IR 与 PR 有很多类似的地方，只不过 PR 的交流对象是媒体从业者，而 IR 的交流对象则是分析师和投资人。在一些具体工作上，IR 和 PR 也会有所交集，比如企业在发布财报时，通常两个团队会一起讨论方案，制定传播策略。换句话说，如果说企业的市场营销部门是在向消费者打广告的话，那么 IR 的工作就是向投资人、分析师打广告。

《2023 年中国上市公司投资者关系白皮书》披露，在受访的上市公司中，A 股与 H 股上市公司在全年目标设定上存在差异：大多数 A 股上市公司将"提高资本市场品牌影响力和曝光度"作为 IR 工作的首要目标，而大多数 H 股及 A+H 上市公司则将首要目标设定为"保持公司流动性和股价波动在合理水平"。白皮书显示，国内 A 股上市公司中，有 50.92% 的企业配备了 2～3 人的 IR 团队，这意味着过去一年来，企业对 IR 业务开始更加重视。此外，A 股市场有 12.13% 的公司选择通过第三方披露信息，而 H 股只有 3.23% 的企业选择由第三方披露信息。在调查问卷中，"改变市场对公司的看法"取代"预算不足"成为 IR 工作核心的三大难题之一。"工作受宏观环境因素影响大、工作成果难以科学衡量"已成为当下的核心难题，而其他两个难题分别是"公司基本面及资本市场表现有待提升，难以获取资本市场关注度"以及"预算投入与工作目标不匹配"。值得注意的

第 4 章 | 海外市场的投资者关系（IR）

是，海外公司的 IR 部门通常是直接向总裁、首席执行官（CEO）汇报工作，而很多中国公司的 IR 部门大多是向财务总监或首席财务官（CFO）汇报工作，这种安排令 IR 部门员工只能获得准确的财务信息，对公司业务发展的信息未必完全掌握，有时面对机构分析师或投资人查询时就难以准确回答。从近年来欧美商业媒体的报道分析，很多时候专业机构分析师的评论意见已经成为企业评价的权威来源，因此 IR 也就成了企业进入国际市场时的必备课题。

国泰君安团队的一份研究报告认为，做好 IR 对企业而言有以下三大正面作用。

1. 提高公司声誉，降低负面事件冲击

IR 工作可以通过提高公司可信度，进而提升投资者的满意度和忠诚度，最终提升公司整体形象，从而形成声誉资本。而具有高声誉资本的公司，会在负面事件中因存在一定的光环效应

而受益。研究学者韦纳姆（Vanhamme）、格罗本（Grobben）认为，在发生一些负面事件时，投资者关系处理较好的公司，投资者会更倾向于认为这些负面事件是外部因素导致的。而这些潜在的归因倾向，最终会减少负面事件对企业价值和股价的冲击。

2. 广告宣传效应

IR 是公司营销的核心体现，可以从侧面增加公司对自身强势业务的宣传，强调继续持有本公司股票或新购本公司股票的优越性、公司的成长性和收益性等，给投资者留下良好的第一印象。

3. 降低融资成本

由于投资者对股票收益的估计存在着较大的不确定性，而确定性的来源依赖于他们可获得的信息。因此，相比可获取信息较多的公司，投资者对于可获取信息较少的公司倾向于要求较高的回报率，而这对公司而言正是较高的资金成本。简而言之，投资者关系管理能够降低信息的不对称程度，规范公司治理体系，提高公司的透明度和可信度，增强投资者对公司前景的信心，吸引投资者和分析师的跟进，有效避免股价波动率过大，同时增强股票的流动性，降低资金成本，从而提升公司价值。

中国企业如何讲好海外市场的资本故事

长期以来，中国企业对 IR 工作理解的一个误区是，认为面对分析师、投资人时应该突出好的方面，回避坏的方面，所谓"见人说人话，见鬼说鬼话"，但实际上这样做很可能会令外界对企业产生质疑。IR 的本质是消除公司与投资人之间的认知偏差，从而企业的价值真实地反映在市值上。对谁说，谁来说，怎么说，说什么，这里面都是学问。

- 对谁说？

    - 与市场监管部门及相关人员交流；
    - 与机构投资者和长期投资者交流；
    - 与投行分析师交流。

- 谁来说？

    - 企业 CEO、总裁；
    - 新闻发言人；
    - IR 部门；
    - 第三方 PR、IR 服务机构。

- 怎么说？

    - 财报会议后的分析师电话会议；
    - 定期举办的投资人开放日活动；
    - 参加第三方论坛、活动进行演讲。

第 4 章 | 海外市场的投资者关系（IR）

- 说什么？
  - 企业中长期的发展战略；
  - 企业业绩，特别是主要业务收入等量化指标；
  - 企业的商业模式、核心竞争力；
  - 企业的诚信（企业对外给出的信息要保持一致，若变来变去，则很难让人相信其未来预期）。

一家号称家庭物联网第一股的中国企业在登陆纳斯达克后曾一度被资本市场追捧，然而该公司在经历 CFO 与 IR 团队核心离职后就被分析师和投资人所忽视，目前股价已经十不存一，并因股价低于 1 美元而收到纳斯达克的警示函。

对于海外上市的中国公司而言，IR 的重要性由此可见一斑。一支优秀的 IR 团队，可以使企业的估值在正常的区间里向上波动 20%～30%。换言之，一个行业中两家同等规模的公司，好的 IR 团队可以让自己的公司比竞争对手的市值高出 20%～30%。面对海外投资人时，优秀的 IR 团队可以把好事变成"长期可持续的未来愿景",把坏事讲述为"如实陈述但听起来可以接受"。比如,企业这个季度的业绩表现很好。那么,这里就需要问一系列问题:哪一部分的业绩贡献在增加,是季节性的原因,还是市场活动的一次性冲高,或是新产品很受欢迎?如果是新产品,为什么它很受欢迎?它的市场竞争地位怎么样?如果是远远领先对手的,支持它领先的几项基本因素是什么?可以保持多久?……这些问题得出答案后,IR就可以向分析师和投资人讲述一个优秀的资本故事。面对坏事时,优秀的IR需要有技巧地告诉外界,没有一帆风顺的公司。无论怎样尖锐的问题,都不要回避,在可透露的范围内如实告诉外界发生了什么,同时需要强调,这是短期影响还是长期影响,以及公司未来会如何应对。

我的朋友,华尔街知名投资人里昂·吴(Leon Wu)认为,对上市公司,特别是在美国上市的中概股企业而言,投资者关系(IR)至关重要,好的IR可以给华尔街、投资人和金融市场参与者一个正面的印象,提升公司的股价,稳定公司的市值,

第 4 章 ｜ 海外市场的投资者关系（IR）

帮助公司扩大影响力和拓展招揽合作方。他还向我列举了中概股企业对接海外投资人和分析师时常见的问题及解决方案。

1. 以中国人的思维方式和文化习惯来做美国的 IR

美国人在说话时，很喜欢说出思维过程，会花很多时间在解释上（无论口头的还是书面的），这样做的目的是为了让别人充分理解自己所想的或所要表达的。中国人不喜欢说出思维过程，会把内容浓缩成最后自己认为正确的想法之后再言简意赅地发送出去，这样简洁的表达当然有好处，但也可能导致别人误解或曲解你的意思。

好的 IR 应该更充分地、更完整地展现思路，不要过于言简意赅，不要让对方猜自己的"弦外之音"，我们可能会认为对方会猜到一些不需要说的话，其实美国人很可能猜不到，或者不愿意做出推测。

这里举一个案例，有一家在美国上市的小型中概股，该公司业绩很好，但就是股价低迷，交易量也很惨淡。里昂留意到该公司报给 SEC 的财务报表的货币单位是 CNY（即人民币），这是合规的，可以这样做，但他还是建议该公司把货币单位改为 USD（美元）。在中国人眼里，这是一件非常小的事，按当时的汇率心算除一下就行了。但是在美国人眼里，特别是在普通投资人的眼里，这个单位就会让他们一头雾水。首先，他们不知道这个汇率是多少（可以问一下自己，你知道一美元兑换多少日元，或者一美元兑换多少泰铢吗）；其次，这个除法对美国人来说还是有些难度的。美国普通投资人可能根本看不懂，更没办法比较和理解。另外，中国人的传统思维中往往喜欢低调、以和为贵、以大局为重，所以会选择"应该说的不敢说"，这也造成了 IR 不愿意为自己强有力地发声或做宣传。而美国人思维中的竞争和斗争意识很强，他们认为在行业里有一定程度的动态斗争是件好事，他们做事往往当仁不让，能够做行业的龙头就绝不谦让和遮掩，而且能够不遗余力地宣传，争取获得更多的支持。

2. 没有清楚阐述公司的长期目标

许多投资者希望了解公司如何制定会在短期内影响其业绩的决策。然而，并非所有目标都可以在几个月内实现。由于一些投资者坚持短期业绩，一些公司未能在必要时向外界传递其长期举措。企业的 IR 团队需要让投资者明白，长期目标与短期进步同样重要。例如，公司可能面临通过减少员工人数来削减运营成本的压力。虽然这一决定可能会给股东带来短期收益，但从长远来看，如果不重建员工队伍以应对不断增长的收入压力，将对企业造成损害。短期举措的公告应与这些举措如何融入公司长期计划的概述相一致。短期和长期目标也可以同时发挥作用。如果一家公司在经济低迷时选择缩减员工数量以专注其核心业务，这将使该组织能够得以缓慢重建。如果实现增长，公司将投入更多资源实现其长期目标，例如扩大服务范围。即使在宣布短期举措时，也有必要提醒投资者，这些选择将对公司产生怎样的长期影响。

3. 使用行话、术语太多和过度沟通

随着散户投资者越来越多地参与市场活动,为投资专业人士和日常投资者提供清晰易懂的信息至关重要。例如,大多数投资者了解同比增长的概念,但许多人可能不理解复合年均增长率(Compound Annual Growth Rate,CAGR)代表什么意思。如果散户投资者了解所传达的有关组织运作方式的信息,他们更有可能选择投资该公司。此外,一些公司倾向于传达有关其运营的详细信息。例如,一家医疗保健公司可能会对其研究新疗法的科学方法进行彻底解释,而简短的解释就足够了。虽然在信息丰富和全面之间找到界限可能具有挑战性,但最有效的信息传递是清晰简洁的。

4. 传递的信息不一致

许多公司忽视了保持一致的信息传递时间表的价值。如果一家公司提供的更新信息不一致,可能会给投资界带来混乱。不可预测的财报、路演和重要会议的日程安排都会让投资者质

疑公司的沟通策略以及公司在其他运营方面是否缺乏组织性。此外，在季度和年度营收发布中传达的信息应反映企业在华尔街路演和会议中所做的投资者演示。不要有侥幸心理，自认为某些信息在各个渠道之间的传播不一致，不会引起人们的注意。如果沟通不一致且不可预测，公司的声誉和信誉就会面临很大的质疑和风险。

5. 传播未覆盖到足够大的目标受众群体

限制信息的分发范围不必要地限制了查看这些重要消息的人群范围。例如，一些知识产权客户只会将其重大新闻发布到金融出版物或行业动态网站上。由于忽视了广泛阅读的国家出版物，这些公司失去了接触那些通过更为深度的主流媒体来获取投资信息的潜在投资者的机会。随着散户投资者的兴起，面向海外投资人的 IR 团队需要重新思考它们的受众是谁，以及它们的受众群体从哪里接收信息。提高公司在主要销售点的知名度并没有什么坏处。事实上，更广泛的信息传播将提高品牌知名度，并使公司始终处于投资者考虑的最前沿。

总结来说，在海外市场上成功开展 IR 的中国企业有很多，这些企业通过精心策划和执行有效的 IR 战略，赢得了国际投资者的信任和支持。例如，阿里巴巴利用其强大的品牌影响力和创新的商业模式，在国际资本市场上取得了广泛认可。中国五矿集团在全球范围内投资了多个矿产资源项目，通过稳定的原材料供应和成本控制，提高了公司的竞争力，并在国际市场上树立了良好的声誉。

在"一带一路"倡议的推动下，许多中国企业在沿线国家投资了基础设施和能源项目，如中国建筑集团有限公司和国家电网有限公司，这些企业的项目不仅促进了本地经济发展，也为公司带来了丰厚的回报。除了大型国有企业，许多民营企业也在海外市场上表现出色。比如，著名的家电制造商格力电器，通过其高质量的产品和服务，也在国际市场上赢得了广泛的认可。同样，海尔集团通过其创新的管理模式和国际化战略，成功地将品牌推向全球市场。

第4章 | 海外市场的投资者关系（IR）

成功的 IR 工作不仅依赖于强大的产品和服务，还需要有效的沟通和文化适应能力。中国企业在海外的成功案例表明，深入了解目标市场的文化和商业习惯，以及建立起与国际投资者沟通的桥梁，是赢得海外市场的关键。通过这些努力，中国企业不仅在海外市场上取得了成功，也为中国的国际形象和软实力的提升做出了贡献。

海外的中小市值企业更应该重视 IR

中软国际投资者关系总监林珊珊在一次出席活动中坦言，头部的上市公司因为市值规模大、品牌效应强、流动性好等方面的优势，很容易获得资本市场的青睐。但这并不意味着头部企业可以不重视 IR，尤其是在港股市场，如果没有长期的投资人关系的维护，长期向好的基本面也会慢慢变得无人问津。而对于中小市值的企业而言，因为很多机构投资人不太容易关注到这一领域，这时候更加凸显出做 IR 工作的重要性。任何公司都会经历从小到大的过程，在小市值公司做 IR，伴随公司市值的成长过程，更能映衬出 IR 的价值。

逸仙电商作为小型中概股的代表，在 2020 年 IPO 首日的股价高达 17.51 美元，但是过早上市并没有为这家公司带来高速增长，2024 年 3 月 15 日，该公司的股价仅剩 0.49 美元。该公司还多次因平均收盘价连续 30 个交易日低于 1 美元而收到纽交所发出的退市警示函。尽管 2024 年初逸仙电商通过每 10 股并为 2 股的方式短暂解除了退市危机，但是这种减少流通股的做法只会吓跑做多的投资机构，并吸引卖空者关注。我在与一些华尔街的投资人交流后发现，很多投资机构甚至从来没有关注过逸仙电商，在我看来，它们的 IR 团队的工作是不合格的。这个案例证明了在海外市场的中小市值企业如果不重视 IR，不主动向投资机构推荐自己，会产生怎样的灾难性后果。

实际上，中小市值的海外上市企业更重视 IR 的原因是多方面的。首先，这些企业通常面临着更大的资本市场竞争压

第 4 章 | 海外市场的投资者关系（IR）

力，因为它们可能没有大型企业那样的品牌知名度或市场影响力。有效的 IR 可以帮助这些公司提高其在投资者中的知名度和吸引力。其次，中小市值企业往往资源有限，因此需要通过精心策划的 IR 活动来优化资源配置，确保每一次与投资者的互动都能产生最大的影响。此外，随着资本市场的发展，投资者对透明度和公司治理的要求越来越高，中小市值企业通过强化 IR，可以更好地展示其遵循良好治理实践的承诺，从而建立投资者信任。

另一方面，在海外资本市场中，中小市值企业的 IR 工作极易被忽视，这就需要 IR 团队采取更主动的策略来吸引和维护投资者关系。比如，通过组织投资者日活动、参与行业会议等方式，来提高公司的可见度和透明度。同时，IR 团队还需要密切关注市场动态，及时调整沟通策略，以应对市场变化。通过这些工作，企业可以展示其商业模式、增长潜力和市场竞争力。

随着科技的进步和数字化工具的发展，中小市值企业现在有更多的机会以较低成本开展有效的 IR 活动。数字平台和社交媒体提供了新的渠道来接触和与投资者互动，这对于资源有限的中小企业来说是一个巨大的优势。因此，中小市值的企业应该利用这些工具来优化其 IR 战略，以实现更广泛的投资者覆盖和更深入的市场渗透。

总之，IR 对于中小市值企业来说是一个不可或缺的工具，它不仅可以帮助企业在资本市场上建立声誉，还可以促进长期的增长和成功。尤其是在海外上市的中小市值企业，可以采取多种策略来提高 IR 效果。企业应该确保信息披露的透明度和准确性，这是建立投资者信任的基础。另外，还可以通过制定清晰的市值管理战略来提升 IR 效果，包括对公司的长期目标和短期里程碑的沟通，如何通过创新和运营效率来实现这些目标，以及对 ESG 的关注等。

海外企业 IR 一方面要受海外市场因素影响，包括美联储加息、汇率波动等；另一方面，也同时受国内宏观经济和政策影响较大。在这种错综复杂的市场中,如何建立和维护良好的关系,对中小市值企业的 IR 团队而言至关重要。具体的做法包括以下几方面。

1. 主动沟通是关键

资本市场的本质是一个信息市场。IR 之所以重要,是因为它不仅能够提升公司股票的价值,也能够重塑外部对上市企业的信心。上市企业的股票在资本市场中相当于一种产品,需要靠专业人士进行推广。企业上市以后需要面对两个市场,即产品市场(卖产品)和资本市场(卖股票),主动去传递公司的有价值信息,可以有效降低分析师的信息搜寻成本和信息传递成本,吸引更多的分析师和投资人的关注,促进股票的流动性,从而提高公司的市场价值,增强投资者信心。

优秀的海外 IR 团队需要发力以下三个方面:(1)持续关注和捕捉重要投资机构和个人投资人的需求;(2)定期对行业、企业及竞争对手进行分析比较;(3)梳理企业信息,对外积极传递有价值的信息，通过对市场主动进行传播，传递公司投资价值亮点，实现股东价值最大化。

2. 利用好数字工具

随着人工智能等新型互联网工具的兴起，IR 的沟通方式也发生了变化，IR 团队需要利用好这些工具主动开展多样式的双向沟通，服务好投资者。中小市值的 IR 团队更应该通过投资者关系官网、新媒体平台、电话、传真、电子邮箱等渠道，采取定期举办投资者交流日、路演、参加分析师策略会、调研参观等多种方式，与投资者保持紧密交流。官网是公司品牌形象的基础，它不仅是一个"静态"的工具，更是一个"动态"的与投资者双向沟通的桥梁。通过官网，IR 团队可以及时维护和更新数据信息，并对投资者反馈进行回复处理，保障与投资者的良好互动和及时沟通。同时，利用社交媒体平台监测与公司相关的话题和讨论，了解投资者的情绪和意见，及时回应关切，安抚投资者的情绪，增强投资者的信心。

3. 关注潜在投资人

中小市值企业的 IR 团队工作应将投资者作为重点对象，不仅要关注现有股东，还要关注潜在投资者。通过大数据分析，查看"机构投资者画像"，能够深入剖析海外机构投资者的持仓结构，如基金规模、投资状况、投资行业、投资区域，以及资金规模和投资偏好等关键信息，从而挖掘并筛选出可能对公司感兴趣的潜在投资者。很多优秀的海外 IR 团队会定期分析股东名册的股权结构，并与对标公司和同行就公司市值变动、相关指数变化、融资融券标的状况等方面的数据进行细致的对比分析。同时，团队还会关注公司内部和外部的重大事件，如并购、新品发布、行业动态等，分析这些事件对投资者决策的影响，并及时调整沟通策略。这些举措可以让海外 IR 团队更全面地了解投资者，提高企业透明度，吸引更多潜在投资者，为企业长远发展创造有利条件。

4. 高度关注投资圈新热点

这几年，随着越来越多的投资者将目光投向公司 CSR 和

ESG，尤其是海外投资人对这些热点很是看重。在这样的背景下，企业应要求其海外 IR 团队应当更加积极地关注环境保护、员工福利、社区发展等领域。通过发布企业报告，展示在可持续发展方面的努力与成就，从而吸引长期价值投资者。海外上市的中小市值企业经常忽略的一点是，在表述公司的盈利预期时，未能恰当地解释实现这些盈利预期的背景和条件。当这些条件不能落实，以至于公司不能达到盈利预期的时候，投资人会完全归咎于企业，而企业也将不得不承担相应的惩罚（具体内容在 ESG 章节有详细介绍）。

快问速答

1. 问：是不是只要股票涨了，就说明 IR 工作有成效？

   答：这是个错误的概念，不是股票涨了就说明 IR 做得好。好的 IR 能创造好的股票流动性，因为建立了 IR 部门，持续与投资人沟通，所以股票有好的流动性。比如美光科技的

第 4 章 | 海外市场的投资者关系（IR）

市值在纳斯达克的上市公司中并不大，但它的股票流动性却非常好。这家公司的 IR 团队和投资人开会获取新的市场信息后，总会实时和 CEO 及其他高管反馈求证，这一举动使其在资本圈赢得了不错的口碑。

2. 问：为什么 IR 对海外的中国上市公司很重要？

答：公司的市场价值，并不完全取决于它的营收和资产，而是要看股票市值和股票流动性。也就是说，投资人愿意付多少钱成为公司的股东。本益比（即市盈率）越高，在相同获利的基础下，就可以比其他公司收获更高的市场价值。IR 则为投资人提供了一个专业窗口来了解公司，公司越透明就越容易获得投资人的信任。

3. 问：中国企业做海外 IR 业务是否需要与分析师、投资人建立个人友谊？

答：可以建立私人友谊，比如私下喝杯咖啡、打打球，都可以。但一定要注意分寸，尽量避免某些投资人或分析师被特殊优待，需要取得平衡，做到一视同仁，避免厚此薄彼。中国企业的海外 IR 团队还需要把握好"合规交流"与"充分交流"的边界。

4. 问：企业应该自建海外 IR 团队还是与第三方 IR 服务商进行合作？

答：自建海外 IR 团队也好，和外部 IR 公司合作也好，二者并不是互相排斥的。采取哪种方式，通常取决于企业的资源、对海外 IR 的重视程度和海外业务的规模。很多第三方 IR 服务商都具备华尔街的工作经验，可以借助自身广泛的人脉关系，特别是与卖方分析师的关系，来强化投资者对企业的认知，并且提升企业在投资圈的关注度。而自建海外 IR 团队则对企业内部经营情况更为了解，能够更准确地为分析师、投资人提供需要的信息。

5. 问：中国企业对海外 IR 工作存在哪些理解误区？

答：很长一段时间以来，一些中国企业对 IR 工作的认知停留在"股票推销"层次。但实际上,一个高水平的海外 IR 团队,不仅可以为企业决策层提供有关资本市场的信息和建议,更能帮助 CEO 等公司高管撰写准确、简明和经过归纳、提炼的企业信息,让分析师、投资人能充分理解企业的目标和发展状况。

6. 问:一些中小市值的海外上市企业通常会由 CEO 兼任 CFO,这样是否不利于推进海外 IR 工作?

答:中小市值的企业往往缺乏基本的资源和架构,进而导致公司对外沟通的信息和自身能力范围存在差异。经常出现的一种情况是,IR 团队经常收到投资人的一些类似意见,并将其反馈给管理层,之后却杳无音讯。这种做法显然无法在企业与投资人之间建立信任。反而是中小市值的海外上市企业更应该招募优秀的 CFO 和专业 IR 团队,只有这样才能与投资人建立正向的沟通渠道,并引起资本市场的关注。

7. 问：这两年海外 IR 工作发生了哪些变化？

答：近年来，随着欧美资本市场中小投资群体的扩大，中小投资者要求参观公司、参与调研、与高管对话的愿望逐渐增强。但多数海外上市的中国企业仍然只关注与大股东和机构投资者的沟通，对中小投资者不够重视。因此，海外 IR 团队应该尽可能利用新的互联网工具，使得中小投资者拥有充分的知情权。另外，据全球可持续投资联盟（Global Sustainable Investment Alliance，GSIA）的数据，欧洲资管市场已有近半投资者采纳 ESG 投资，美国的资管市场也有约 50% 投资者采纳 ESG 投资。面对这些变化，一些中国企业已经在内部构建了跨部门的协调机制，通过提高内部资源的协调效率来缓解 IR 团队面对海外投资人的压力。

第 5 章

海外市场的政府关系（GR）

第 5 章 | 海外市场的政府关系（GR）

为什么说当下 GR 对中国出海企业尤为重要

有这样一个案例，福建一家电话机企业的产品做得特别好，好到什么程度呢？美国政府和国会都在采购它们的产品。俄乌冲突爆发后，有一天，这家企业的海外运营人员收到海外合作伙伴发来的一封邮件，邮件内容是对方想要知道该公司在这场冲突中的立场是什么。运营人员看到邮件后顿时一头雾水，他不知道这个事件与自己的企业有什么关系。

长期以来，很多制造业领域的中国企业都将主要精力放在如何提高产品的品质与售后服务水平上，对时政内容并没有太多关注。我在与很多供应链的制造业企业交流时，发现很多企业都在强调自己的技术多么领先，产品性能多么优良，有的还会特别强调，自己的企业在海外市场并不需要特别重视GR，只要遵守本地法规老老实实地卖产品就可以了。从过去的经验来看，这样的做法并没有错。自1978年改革开放后，中国企业参与全球市场竞争时，通常需要考虑的主要风险是经济风险和文化风险，并不需要过多考虑地缘竞争风险。这里的经济风险是指目标市场利率变化或经济危机给企业带来的风险；文化风险是指企业因不了解本地文化，在合规、环保、劳工、种族等方面带来的风险。

2023年4月，在一个国际问题专家组成的微信群中曾热传过一条新闻，内容是美国通过544号法案，而新闻来源则都是抖音与微信视频号。然而遗憾的是，这些国际问题专家们在看到该新闻后鲜有人质疑其准确性。所谓美国通过究竟是美国政府通过还是美国国会通过？如果是国会通过，是众议院通过或参议院通过，还是两院都通过？类似这样极其不准确的信息都

第 5 章 | 海外市场的政府关系（GR）

能在专家群体中流传开来，更何况对海外 GR 并没有太多关注的中国企业。

缺乏对地缘竞争的充分了解，会导致中国企业的风险意识降低，从而忽视新常态下企业需要主动了解西方的政府体系。所以，主动推动 GR 业务是当下很多中国企业面临的共性问题。也正因此，才会出现合作伙伴询问这家来自中国福建的企业如何看待俄乌冲突问题时，工作人员手足无措的情况。因为按照过往的经验，运营人员根本不会觉得这件事情和自己所服务的企业有任何关联，但实际上，对该问题的回复，很可能会影响与海外合作伙伴之间的业务联系。

需要注意的是，美国有三家分析中国政策的顶级咨询公司。当年中国加入 WTO，美国企业大举进入中国市场时，几乎所有在华设立业务的西方公司都采购了这三家咨询公司的服务，请它们协助制定在华的 GR 策略。作为对比，在中国公司大举进入国际市场的当下，却很少看到有中国公司采购类似的服务，多数时候还是出了事情后希望找关系摆平。

中国商务部披露的数据显示，2023年中国投资者向全球近8000家公司投了1300亿美元的资金。与2018年相比，投资额增长了约8%，投资公司的数量增长了38%。这说明中国企业国际化已经是大势所趋。在我看来，中国企业选择出海不是因为国内太卷才选择走出去，而是中国的产业升级已经发展到了一定程度，中国企业在科技研发、管理模式和奋斗精神等方面都足以与欧美很多行业展开竞争与合作。

中国企业进行海外投资时，良好的GR关系还有利于中国公司获得在投资选址、基础设施配套、资金配套支持等方面的优惠待遇。制造业企业与原材料采购地和产品销售地政府建立信任则有助于降低经济政策风险，解决与原材料供应商、竞争厂家和顾客的矛盾，或者获取在这些地区的竞争优势地位。与投资国中央政府建立良好关系会有利于中国企业解决在产品销售中普遍存在的"地方保护主义"。根据制度经济学学派的科斯、

第 5 章 | 海外市场的政府关系（GR）

张五常等学者的研究，企业的规模和边界是由企业的内部管理成本和外部交易费用决定的，在海外市场也不例外。所在地政府的偏好，在一定程度上也决定了中国企业在本地的交易成本和费用的高低。

总结来说，中国企业在对待海外 GR 的态度上可以分为几种类型：第一，积极主动型。企业主动设置海外 GR 部门和对外联络人员，直接向总部高层汇报，GR 团队在企业内部组织架构中的地位较高，该部门会聘用资深人士专门负责与政府、国会议员的沟通事宜。第二，若即若离型。企业在一定程度上认识到在海外拓展业务时与本地政府沟通的重要性和必要性，但鉴于组织结构和企业文化价值的限制，没有设置专门的 GR 部门和专职人员进行与政府的沟通工作事宜，多由行政人事部门和其部门主管兼任，而且多是在公司遇到困难时才主动与监管部门联系。第三，杂乱无章型。企业海外公司与中国总部各自为政，将 GR 片面地理解为"搞关系、行方便"，遇到问题时还是希望通过花钱或找关系摆平。美国的营商环境与中国有着巨大的差异，一些中国企业在处理海外 GR 时会两眼一抹黑，不知道到底需要跟谁打交道，甚至干脆选择谁都不打交道，专心做业务、卖产品，等到监管部门找上门来时才开始应对。

随着中国企业大举进入国际市场，其中有很多成功者，但也不乏失败案例。放眼那些能够在海外市场取得成功的企业，其中一个重要条件，就是因为企业重视海外 GR 业务，让其在监管层面没有遭遇太多挑战。

我与很多中国企业的海外团队交流时发现，很多人的眼界、魄力和行动力都十分令人钦佩，但是另一面也让我产生担忧。我发现很多人都有类似的问题：我的企业最近被处罚了，接下来怎么办？

这暴露出一些中国企业在进入海外市场时忽视了对本地法律体系、合规政策甚至政治风险的评估。这在海外复杂的环境中其实是相当危险的。在国内的经验通常能帮助企业化解难题，

第 5 章　|　海外市场的政府关系（GR）

但在拓展海外业务的过程中，这些经验多数时候只会帮倒忙。尤其在海外 GR 业务上，一些中国企业一味套用国内经验去处理问题，最终发现不但解决不了问题，反而在错误的方向上越走越远，最终造成毫无必要甚至难以弥补的损失。

比如，一些中国企业在 GR 业务上遭遇挑战后向我咨询，问我能否找找关系帮忙解决。老实说，受某些传统文化的深刻影响，社会崇尚礼法导致找关系成了一种独特的社交运行和资源分配方式。但是在海外市场，尤其是 GR 层面，很难有出了事情再来弥补的情况。一旦企业出现问题被公诸于众，无论是官员还是议员，迫于舆论压力，都不可能帮助企业挽回损失，尤其在中美关系十分微妙的当下，中国企业一旦出现问题，结果就是覆水难收。因此，在海外 GR 业务上依靠前端解决问题就显得十分重要。

如何做好海外 GR

我发现，很多中国企业对海外 GR 业务的理解相对片面，比如，一定要去拜访国会议员，或者要建立一个游说团队，但很多时候其实没有必要那么做。海外 GR 业务应当自下而上建立，从社区入手，在本地多做好事，与 ESG 结合，通过公益活动履行社会责任。尤其在当前形势下，尽管全球经济仍存在不确定性，企业高管们却面临着激进的增长压力。以美国市场为例，政府对经济的干预正在逐渐加强，往往通过保护主义政策来限制"经营自由"，因此一些来自海外的跨国公司会深受其苦。这个时候，做好 GR 可以让为来自海外的公司赢得更公平的竞争环境。

中国公司在拓展海外 GR 业务时通常会面临以下四大挑战：

- 如何确保对海外 GR 业务投入充分的资源；

第5章 | 海外市场的政府关系（GR）

- 如果监管官员没有给予积极反馈，GR 接下来应该如何取得预期效果；
- 如何在避免使企业陷入险境的前提下，利用好第三方的能力；
- 对美国的政策环境并不了解，并基于错误的理解制定 GR 策略。

面对这些挑战，大多数企业都采取了消极反应的方式，被动地解决问题。想要取得成功，GR 团队应当重新界定传统的投资回报率评估方式，从更宽泛的角度涵盖政府公关的目标，从而打造一个富有前瞻性的决策框架。这套新的投资回报率评估方式适用于上述企业面临的全部四大挑战。首先，要理解各个国家的商业和政治环境，根据这个现实来因地制宜地决定资源的投入；其次，投资必须产生实效，必须确保明智地将公关活动指向关键的决策者，谨慎约束公司的 GR 团队，不要依赖第三方走捷径，因为如果管理不当，它们很可能把你拖入泥潭，反而使你成为政府部门的眼中钉。

有些企业发现，一些平时关系并不紧密的企业，在 GR 业务上却与自己有着相同的目标，可以结成联盟。一个多元化利益群体组成的联盟在与海外的监管部门交涉时能显著增强相关问题的说服力。团结本地公司和媒体等本地合作伙伴可以降低相关问题被视为"外国公司"的风险。潜在的合作伙伴包括：富有影响力的企业——如果协调好商业利益，它们可以在联盟中发挥关键作用，比如音乐产业繁荣的国家往往有很强的反盗版需要；媒体——媒体在舆论的形成过程中起着巨大作用，因此属于任何政府政策形成过程中的利益相关方；消费者组织——作为收集市场反馈信息的有效渠道，这类组织能代表消费者的权益，跨国公司可以与消费者组织合作，培养产品和服务的本地顾客。

国内企业处理海外 GR 业务时还需要知道，美国也存在"新官不理旧账"的现象。比如，共和党的官员下去了，接任的民主党官员很可能会对之前的承诺置之不理。2017 年，富士康宣布在美国威斯康星州建厂，时任总统特朗普和该州州长双双出

第 5 章　｜　海外市场的政府关系（GR）

席了建厂发布会，州政府承诺拿出 40 亿美元的税收优惠和补贴。不过随着总统和该州州长分别由民主党接任，继任州长以富士康招人不达标为由取消了税收优惠，富士康在该州的工厂也受到影响，结果成了烂尾工程。这些案例都告诉中国企业，处理海外 GR 关系时，需要用长期思维去维护一些关系。

除此以外，中国企业在拓展海外业务时还需要就当下国际形势对自身业务的影响有一个初步的概念，企业可以通过周报或月报的形式订阅行业信息，了解当下的世界正在发生什么。比如，美国政府出台一些法案后，可能会对中国的服装、光伏企业带来巨大影响，与其等到货物被海关扣压时再去想办法，还不如在与自身业务相关的法案出台后就立刻做出调整，并主动应对接下来可能出现的风险。通过订阅行业信息，企业可以知道在海外遇到问题时，谁是敌人、谁是朋友，而不是病急乱投医。

另一方面，美国是自下而上的体制，因此拜访州长、郡长的效果可能还不如拜访本地的法官。一些中国企业在处理 GR 业务时会沿用国内的经验，认为与州长或其他一把手合影就算做好了 GR。但实际情况却是，很多时候联邦、州、郡、县的各级政府利益并不一致，因此在制定 GR 策略前首先应该知道有哪些利益相关者，然后针对不同的利益相关者群体去逐一说服。此外，一些中国企业在美国开展 GR 业务时，大多会重视与政府官员及议员的沟通，而忽视与地方法官的沟通，但实际上，与地方法官的沟通可能比与上层政府官员的沟通更为重要，因为一旦遇到纠纷产生诉讼时，地方法官可以左右很多事情。

我将中国企业在海外的信任程度分为三个阶段：第一阶段是客户信任，也就是你的目标客户愿不愿意购买你的产品；第二阶段是品牌信任，客户愿不愿意因为认可你的品牌理念而多花一点钱去购买你的产品；第三阶段是行业信任，监管部门会不会主动与企业合作，只有取得政府方面的足够信任，才可能达到这一阶段。

第 5 章 ｜ 海外市场的政府关系（GR）

美讯团队曾经促成了一个经典案例，就是帮助一家中国餐饮企业在加拿大市场建立信任。团队用了 500 多加元（约 300 美元）便获得了头部媒体的曝光、慈善机构的新媒体推广和本地政府发出的感谢信。做法其实很简单，就是让该餐饮企业通过本地慈善机构向贫困家庭捐赠 60 份午餐。在媒体和慈善机构的宣传下，政府注意到了这次活动，于是一位本地议员联系了企业，希望一起做一次慈善活动。该企业的商业形象因此获得了本地社区和政府的认可——关键并不在于花了多少钱，而是做了一件社区真正关心的事。我建议中国企业可以选择积极与本地的慈善机构合作，因为慈善机构拥有很多宣传资源，不仅有助于中国企业更好地融入本地市场，而且能够帮助企业获得本地政府的信任。

中国企业在处理海外 GR 时，需要了解一个事实，那就是不同市场的倾向性其实是有着较大差异的。美国比较注重数据隐私和消费者权益保护，东南亚会更注重劳工法和环境保护，而欧洲更注重通用数据的保护条例及环境友好。在印度尼西亚，如果企业涉及食品或美妆业务，必须进行清真认证，马来西亚也是类似的情况。同时，每个国家的劳工法都有所不同，对于员工的假期、发放薪资的要求也不同，有些国家要求15天就得发一次，有的国家要求一个月发一次，有的国家要求必须月末结清。如果企业没有仔细了解地方法规，就很容易被起诉。

对于想要在海外展开业务的中国企业而言，首先要问的问题是：你的目标究竟是赚快钱还是做长久的生意？如果只想挣快钱，其实并不需要考虑合规性问题，只要完成产品的运输和销售，其他的大可不必理会，但这样操作往往很快就会被收割。如果想做一个长久的生意，真正实现本地化，那就需要投入大量的成本解决合规问题，逐步与本地政府建立信任。

合立咨询创始人兼行政总裁布鲁斯告诉我："所有的政治都是地方的。"他举例说，2016年1月，通用电气（GE）公司宣布签署明确协议，以54亿美元向青岛海尔股份有限公司出售GE家电业务。海尔在接手这个项目后，在GR方面主要做了几个工作：第一，保持与地方政府的持续沟通，并以此了解本地的政治环境；第二，做好本地化，吸收并培养了解中国公司的海外人才；第三，做好社区工作，开展与本地社区互动的项目并愿意投放资金；第四，利用好职业的游说机构及跨境投资公司，对企业形象做好预设。这些工作为海尔在美国的成功打下基础。2018年时，海尔跟进投资了2.77亿美元，并在肯塔基州为本地居民创造了5000多个工作岗位。与此同时，州政府则根据投资规模提供了10年期限内超过4000万美元的税收优惠。

危机发生后应该如何处理

根据安永的一份调查数据显示，受访中资企业面临的最主要的合规挑战已经从"缺乏相关法律法规知识"转向了"应对复杂的法律法规"以及"中美法律法规的潜在冲突"。从近年来中国企业在海外遭受制裁或处罚的案例可以发现，不少大型中国企业在海外经营过程中都经历了或大或小的危机。比如，

2021年10月,格力电器在美国因除湿机起火事件,最终支付了9100万美元的罚款才与美国司法部达成和解,同时需向因格力电器有缺陷的除湿机而引发的火灾及其受害者进行相关赔偿。2020年2月,字节跳动海外公司TikTok继续与联邦政府就可能出售其美国业务以及如何解决国家安全问题进行谈判。2020年8月,美国宣布针对中国的"净网行动",美国国务院发布公告详细说明了"净网行动"从软件、硬件到服务、运营等全方位展开的五条新战线和原因。2016年至今,中兴通讯因违背美国制裁措施,累积罚款总额已经达到了22.9亿美元。

在当下的环境中,中国企业在海外无法判断是否会遭遇危机,以及什么时候遭遇危机,但提前做好应对监管危机的方案,这也是海外GR的核心价值所在。具体来说,应该做到以下几点。

首先,需要做好应对海外监管危机的制度准备。有效的制度和程序是企业预防与应对海外危机的重要前提,能够指导企

第 5 章 | 海外市场的政府关系（GR）

业熟悉危机应对流程，并指导企业在危机来临时有条不紊地合理应对危机。有合规制度准备的企业能够在危机出现苗头时及时监测风险，实现快速响应。缺乏合规制度准备的企业往往难以及时发现危机，或者在危机来临时不知所措，缺乏应对的方法和经验，错失最佳的自我保护机会。因此，企业有必要准备符合企业实际情况的危机预防和应对制度来自我保护。

其次，企业需要定期进行风险评估。企业可以结合自身业务特点，定期或不定期地对企业活动中存在的合规风险进行识别与评估，制作类似"合规风险评估报告"之类的内容。风险评估需考量企业的业务领域、监管环境、合作伙伴、娱乐费用及其他方面可能存在的风险，并且对不同风险级别的领域进行合理的资源分配，避免花费过多时间审查低风险领域而忽视对高风险领域的关注。根据企业经营情况和监管环境的变化，制定的合规风险评估计划应具备定期更新的机制，即采取适当的步骤来设计、执行或修改合规方案的要求，及时评估和确定风险因素，尽可能避免发生企业危机。

最后，一旦面临监管危机时则可以通过以下举措保护自身权益。

第一，充分利用"保密特权"保护企业。在美国，律师与客户之间关于寻求法律意见或协助的保密沟通往来（如法律文书、邮件）受"律师－客户沟通特权"规则保护，是依法应当保密、不被披露的。受保护的内容包括：客户向律师寻求法律意见的请求、客户告知的需要律师提供法律意见的案件事实、律师与客户就案件事实进行的沟通、律师提供的法律意见，等等。无论是通过口头约定还是书面内容均不能披露给第三方，包括政府执法部门。因此，当中国企业面对海外监管危机，如美国执法部门来企业突击调查时，可充分利用"律师－客户沟通特权"规则来保护企业，在配合调查的过程中，考察美国监管机构要求提交的证据是否适用相关规定的保密规则，及时提出抗辩。

第二，危机处理过程应当权责清晰，动员迅速。应对突击调查，企业通常来不及临时抱佛脚。因此在危机发生时，危机的处理过程应当权责清晰、动员迅速。要实现这一点，企业在日常管理时应做好危机处理的制度准备，定期开展危机处理培训，模拟危机处理过程，方能在危机发生时做到有效应对。同时，企业还要准备好应对政府执法的连锁反应。海外的执法机构之间既有竞争也有合作，彼此之间的移送很常见，要避免政府执法的连锁反应。例如，对于因数据泄露事件引发的执法行为，后续可能会有关于个人信息保护的集体诉讼。因此，数据泄露事件的企业除了需要应对不同国家或不同监管机构的调查外，在数据泄露发生之后往往还要准备固定证据，以应对后续的集体诉讼。同时，集体诉讼还可能导致另一波舆情的起伏，因此企业在危机应对时需要多加注意。

第三，避免挑衅。在危机来临时，企业应尊重执法部门的权威，妥善处理与对方的关系。执法部门采取行动对企业展开调查的背后往往有合法与合理的行动依据，因此，企业在面对调查时，应保持尊重的态度来应对，避免鲁莽、质疑、挑衅等不理智行为，可以在符合法律程序的范围内，充分利用法律所赋予的权利，有礼有节地与政府充分沟通调查的原因、目的、需要了解的情况、需要带走的资料等，了解政府调查行动背后的诉求，采取有针对性的应对措施。在维护自身合法权益的同时，配合好政府执法部门的调查工作。另外，企业还应尽早评估员工的刑事风险，包括区分单位犯罪与个人犯罪，厘清单位犯罪中的个人责任等，警示员工规避风险。

第四，充分授权。各国执法机构的跨国合作已成常态，许多重要的执法案件都是由多个国家的执法机构联合完成的，并且共同分享罚金。一国的执法活动也很容易引起其他国家执法机构的连锁反应。面对境外危机的处理，涉及处理与政府的关系，对民意的把握，对媒体的引导，需要对本地国情和本地的法律政治生态有着高度的理解。中国企业在海外面对重大危机时，其决策往往来自国内总部，或者国内总部掌握极大的话语权。国内总部受限于法律文化、政治文化的不同，其应对思路往往南辕北辙。这种应对思路的差异，轻则对在本地妥善处理

第 5 章 | 海外市场的政府关系（GR）

危机形成掣肘，重则因耽误或影响危机处理的进展而导致严重后果。

快问速答

1. 问：中国企业在海外 GR 层面需要做哪些风险评估？

答：企业应该将外部运营环境的发展和变化纳入合规风险评估机制中。这一做法可以帮助企业更好地关注市场驱动所带来的合规风险点，并根据评估结果为特定环境或可能出现的情况提前准备预案，特别是在那些执法力度较强或高度政治化的地区。

2. 问：中国企业对海外 GR 业务的理解上有哪些误解？

答：很多人认为 GR 的工作就是企业出了事情后，由 GR 团队去摆平一下。花钱平事更多的是危机工作的范畴，GR 的核心不在于帮助企业完成多少业绩，而在于当今如此复杂的地缘政治环境中，让中国企业在海外能平稳地发展下去。

3. 问：企业是不是做好合规就意味着做好了海外 GR？

答：合规只是海外 GR 业务中最基础的一部分，尤其是对在北美市场展开业务的中国企业而言，目前衡量 GR 团队业绩的一个关键内容就是是否能够获得监管部门的信任。

访谈录

对话合立咨询创始人布鲁斯：
中国企业做海外 GR 都有哪些痛点

彭家荣：你认为对中国企业而言，国内 GR 和海外

第 5 章 | 海外市场的政府关系（GR）

GR 有哪些不一样的地方？

布鲁斯： 海外 GR 具体要看哪个国家，以我最熟悉的美国市场为例，中国企业想要在美国市场做好本地 GR，首先要了解政府架构和政策逻辑，在充分了解的基础上再制定策略。在中国做 GR 的逻辑是自上而下的，而在美国做 GR 的逻辑是自下而上的。正因为这一特点，所以在做 GR 的过程中，利益相关者非常多。例如，美国有 100 名参议员、435 名众议员，对这些最基础的情况要有所了解，弄清楚美国的立法过程和立法逻辑，再去接触相应的人员，这才是有效沟通。否则，你连对方的组织架构都不了解就贸然接触，效果可想而知。自 2016 年特朗普当选总统之后，GR 对在美国经营业务的企业开始变得尤为重要。在此之前，无论是中国的企业，还是日韩的企业，或是欧洲的企业，大家都觉得美国有一个健全的商业市场，只要在商言商就可以了，企业把产品、服务做好就可以赢得美国市场，并不需要特别关注与政府的关系。但是特朗普当选后的一系列政策，已经改变了全球格局，从分销贸易的全球化时代进入地方保护主义盛行的全球化时代，也是在这个时期。在美国经营业务的外国企业发现，除了产品、服务之外，与郡县、州、联邦政府的关系，在某种程度上决定了企业能否在美国立足。美国市场已经不仅仅是在商言商，还要在商言政，这是目前中国企业在美国做GR的底层逻辑。

彭家荣：以你过往的经验看，中国企业在海外发展业务时，是否重视GR业务？

布鲁斯：我发现那些全球化程度很高的中国企业，它们的GR都做得很好；还有一些企业则是重视海外GR，但是不知道应该如何去做。阿里巴巴集团的曾鸣说过一句话，企业最怕一开始看不到，之后看不懂，然后学不来。在一些中国企业的认知中，就是去拜访一下联邦政府的官员或某州的州长，然后一起合影，就代表着做好GR了，其实真实的情况远非如此。美国不仅有联邦政府，还有州政府及郡县一级的政府，而且很多时候他们

第 5 章 | 海外市场的政府关系（GR）

的利益并不是垂直的，这也是为什么在美国做 GR 之前，需要先梳理利益相关者，这是在美国做好 GR 最核心的部分，也是我们目前所提供的最核心的前置服务之一。另外，我想告诉更多想要在美国发展业务的中国企业，想要做好 GR，很关键的一点是要运用懂得做 GR 的人，这个领域很多时候是千军易得，一将难求。一些中国企业家认为找有海外学习背景或在美国生活多年的华人就可以帮助企业做好 GR，事实并非如此。能够做好 GR 的人才需要满足三个条件：一是对风险有足够的分析能力；二是对国际时局有很好的洞察能力；三是对资本有充分的掌控能力。

这里我也介绍一下自己的经历。我曾供职于肯塔基州政府商贸厅，主管中美跨境投资项目和发展国际贸易事务，工作内容包括参与并引导企业选址、税务考量及分析产业链分布情况，协助跨国企业落地。参与了包括宁德时代、海尔集团、山鹰集团、PAG 亚洲资本等企业的中资项目。2018 年，我随同马特·贝文州长访问中国并参加了第一届中国国际进口博览会。2019年，我代表肯塔基州政府协同相关机构策划了"第五届中美省州长论坛"，这是中美建交40周年庆祝活动中最大的地方性活动。另外，我的合伙人托尼曾是立法领袖基金会的亚洲事务总监。该基金会的主要工作就是给议员和地方政府的执政官员做培训，帮助他们了解国际事务，其中的主要预算是依靠企业赞助，企业相信通过赞助基金会，可以帮助美国的官员们了解亚太或欧洲的信息，这样可以帮助他们与企业达成某种程度上的共识。托尼的主要工作就是带议员们去中国、韩国或日本去了解本地的情况。在GR领域，我是扎得深，托尼是铺得广。

其实在过去20年中，有大量的外企进入中国市场，因此我们积累了大量能够帮助外国企业了解中国市场的本地化人才，但是在中国企业进入国际市场的进程中，如何帮助中国企业在海外市场落地生根，成了当务之急。无论是GR，还是BR、HR、CSR或IR，这方面的人才目前都是非常稀缺的。合立招募的人才有三个条件：一是

第5章 | 海外市场的政府关系（GR）

在美国有学习或生活经历长达10年以上；二是要在美国政府或企业的核心部门工作过5年以上；三是要有国际关系或政治学的学习经历。

彭家荣： 你认为中国企业在美国市场做GR时认知层面都有哪些误区？

布鲁斯： 我在与一些中国企业接触的时候，发现很多人有一种自傲感。就是说我的企业在中国的规模做得很大，而过去在中国市场创业积攒的经验或直觉放到美国市场也会有效。其实中国在改革开放的40多年中，很多中国企业的成功都是依靠中国经济的高速发展，按照雷军的话说，站在风口上，猪都能飞起来。这也导致很多中国企业的发展壮大都是依靠企业家或核心团队的感知，但是这些感知能力有时被放大了，这时企业进入一个成熟期，做GR往往会有个致命问题，就是太过重视与上层政府的交往，而忽视与下层政府的交往，就像我刚才讲的，在美国做GR的逻辑是自下而上的，应该先与郡县一级的政府接触，之后是州政府，最后才是联邦政府。另外，中国很多企业会忽视与本地法官的接触，认为与州长、市长、郡县长官接触就够了，但实际上本地法官很大程度上可以左右很多事情。比如，现在有很多中国企业会选择去美国建厂，那么在建厂初期，是否要在本地建立好劳工教育培训体系？其实《美国工厂》这部纪录片就体现出了中国企业在美国做GR的核心问题，授人以鱼不如授人以渔，再多的钱、再好的福利，其实都不如给本地人一份稳定的工作。

总结来说，我认为首先要知道利益相关者都有谁，然后做好这些群体的接触，要重视沟通与宣传，最后是做好本地接洽，包括在本地的培训等。

彭家荣：你认为中国企业在美国市场想要做好GR，是自建GR团队更好，还是与第三方合作更好？

布鲁斯：这两者本质上并不冲突。自己的团队在没有搭建好的情况下，外包往往是最简单、最高效的实现

第 5 章 | 海外市场的政府关系（GR）

方式。以我们的团队为例，不仅是帮助企业对接智库等本地资源，也在帮助企业搭建本地的 GR 团队。我们的理念是可以手把手地培训企业，帮助它们去搭建好团队。

彭家荣：问一个具体的问题，假设我是一个想要进入美国市场的中国企业，在美国做 GR，第一步应该做什么？第二步应该做什么？

布鲁斯：第一步是雇用美讯、合立这样的专业机构，而且一定要为知识付费，要为专业性付费。中国过去的发展中有很多红利，导致形成了"只要给我机会，我就可以免费帮你做"的观念，但现在那个时代已经过去了，所以第一步是要有付费意识。第二步是要建立一个符合自己战略的本地化团队，这个团队的要求就像刚才讲的，要有对风险的分析能力、对时局的洞察能力、对资本的掌控能力。

彭家荣：你认为文化差异是否会影响中国企业在海外做好 GR？

布鲁斯：美国的源代码是法律，就是一切按照法律，有专业团队帮你去做背书且最终解释权掌握在你手里的时候，这是合规最有效的手段。在中国，我们是先发展，然后出了问题再去解决问题。这在美国是一种非常危险的思维模式。不是说等出现了事情我再去想解决办法，而是说在事情没有出现之前就预料到了，且已经有了相应的保险机制。

彭家荣：在目前的大环境下，中国企业在美国发展业务，应该如何规避风险？现在很多中国企业在美国会刻意淡化自己的中国身份，对此你有什么建议？

布鲁斯：1985年，当时肯塔基州的一位女性州长曾只身前往日本，当时正是美国和日本贸易战打得最激烈的时候，很多美国人在抵制日本汽车，当时美国的大环境是不太欢迎日本企业到美国建厂的，是不是和今天的环境有点像？当时这位州长去日本见了丰田的创始人，她去日本最直接的目的是招商引资。可是到了2020年，

第 5 章 | 海外市场的政府关系（GR）

肯塔基州已经有超过 220 家日本企业入驻。我举这个例子是想说明，我相信未来 10 年，会有越来越多的中国企业到美国落地。另外，我觉得日本做得很好的一点是，从明治维新开始，从商界到政界、学界，都在研究美国的文化、体制等，这也促使日本有很多的智库、协会对美国非常了解，按照我们的话讲就是产学研结合。这些智库、协会对美国本地文化风情的了解帮助日本企业少走了很多弯路。至于淡化中国企业身份在美国是否有效的问题，我认为是仁者见仁，智者见智。目前已经有两家中国企业做出了很好的示范，一家是腾讯，一家是 TikTok。在特朗普执政时期，曾经说要在美国禁掉微信，之后本地很多华人真正拿起了法律武器去维权，我很高兴看到华人团队的这种团结。第二个案例是 TikTok，他们的思路非常清晰，他们从不排斥自家诞生于中国的经历，同时也强调他们是一家总部在新加坡的全球化企业。就像我是中国人，来自上海，在美国我从来不回避这个身份，关键是要有一个自洽的逻辑。TikTok 的自洽逻辑是什么呢？它是一家来自中国的企业，总部设在新加坡，服务于美国市场。既讲到了它的中国基因，也讲到了它的全球架构。

彭家荣：中国企业在美国市场应该如何选择一个可靠的 GR 合作伙伴？

布鲁斯：在目前这个鱼龙混杂的市场环境下，找到一个可靠的 GR 合作伙伴确实有难度。具体的建议是，企业在选择合作伙伴的时候，不要只看华盛顿或各州，而是要下沉到郡县；要选择有实战经验的团队，而不是学院派；最后，也是最重要的一点是，要有第一手信息。我们曾经接触过一家中国企业，当时它们选择了一家顶级的咨询公司合作，不过这家咨询公司把它们的合作转接到了纽约，因为我们有参议院和众议院直接的联系方式，所以纽约的团队最终又联系到了我们。我就在想，绕了这么一圈，为什么这家企业不直接联系我们呢？所以我的建议是，寻找的合作伙伴一定要有第一手的本地资源，如果你的合作伙伴的工作人员连本地都没去过，

第 5 章 | 海外市场的政府关系（GR）

对这个地方一无所知，那么你就应该慎重考虑是否合作。

彭家荣： 最后我想问问你，文化差异是否会影响中国企业在美国做好 GR？

布鲁斯： 日本、韩国和美国的文化有着非常大的差异，我们看到日韩的很多智库、协会培养了大量了解美国的人才，而这些人才是可以给企业赋能的。而且，有的时候，文化差异其实不一定就非要打破，比如最近火爆全球的游戏《黑神话：悟空》，就是一款有着浓厚中国文化的游戏。这说明中国文化也可以在国际上讲好故事。所以保持自己的文化特色，未必不是一种优势。我想补充一点，想要在美国市场做好 GR 的前提是，企业真正想在美国市场做好本地化，服务于本地市场，而不是通过美国市场反哺国内市场，比如对于新能源汽车行业来说，北美市场就是一个洼地。我觉得做好海外 GR，信任非常重要。美讯的理念是先交朋友，这一点我非常认同。不要一上来先跟搞什么利益绑定，先交朋友，建立信任才是首先要做的。

北京阅想时代文化发展有限责任公司为中国人民大学出版社有限公司下属的商业新知事业部，致力于经管类优秀出版物（外版书为主）的策划及出版，主要涉及经济管理、金融、投资理财、心理学、成功励志、生活等出版领域，下设"阅想·商业""阅想·财富""阅想·新知""阅想·心理""阅想·生活"以及"阅想·人文"等多条产品线，致力于为国内商业人士提供涵盖先进、前沿的管理理念和思想的专业类图书和趋势类图书，同时也为满足商业人士的内心诉求，打造一系列提倡心理和生活健康的心理学图书和生活管理类图书。

《下一个风口：新质生产力驱动下的科创投资逻辑》

- 财经和投资领域众多大咖联袂推荐！既有对成功方向的思考，也有对失败案例的警醒，结合真实世界，给出创新下投资机会的战略思考。
- 寓理论于辞采，隐内义于情节，使读者在舒适阅读中体悟到深刻的投资原理。
- 深刻剖析和总结国内科创大佬们的投资逻辑与手段，把握新质产业发展的风向标，尽早分享即将到来的时代红利。